20 Ideen, die mein Leben veränderten

Wie ich jeden Tag zu einem Geschenk mache und mich reicher fühle als je zuvor

1. Auflage 2019 Copyright Markus Dirksen

Haftungsausschluss

Haftung für Inhalte

Als Diensteanbieter sind wir gemäß § 7 Abs.1 TMG für eigene Inhalte auf diesen Seiten nach den allgemeinen Gesetzen verantwortlich. Nach §§ 8 bis 10 TMG sind wir als Diensteanbieter jedoch nicht verpflichtet, übermittelte oder gespeicherte fremde Informationen zu überwachen oder nach Umständen zu forschen, die auf eine rechtswidrige Tätigkeit hinweisen. Verpflichtungen zur Entfernung oder Sperrung der Nutzung von Informationen nach den allgemeinen Gesetzen bleiben hiervon unberührt. Eine diesbezügliche Haftung ist jedoch erst ab dem Zeitpunkt der Kenntnis einer konkreten Rechtsverletzung möglich. Bei Bekanntwerden von entsprechenden Rechtsverletzungen werden wir diese Inhalte umgehend entfernen.

Haftung für Links

Unser Angebot enthält Links zu externen Webseiten Dritter, auf deren Inhalte wir keinen Einfluss haben. Deshalb können wir für diese fremden Inhalte auch keine Gewähr übernehmen. Für die Inhalte der verlinkten Seiten ist stets der jeweilige Anbieter oder Betreiber der Seiten verantwortlich. Die verlinkten Seiten wurden zum Zeitpunkt der Verlinkung auf mögliche Rechtsverstöße überprüft. Rechtswidrige Inhalte waren zum Zeitpunkt der Verlinkung nicht erkennbar. Eine permanente inhaltliche Kontrolle der verlinkten Seiten ist jedoch ohne konkrete Anhaltspunkte einer Rechtsverletzung nicht zumutbar. Bei

Bekanntwerden von Rechtsverletzungen werden wir derartige Links umgehend entfernen.

Urheberrecht

Die durch die Seitenbetreiber erstellten Inhalte und Werke auf diesen Seiten unterliegen dem deutschen Urheberrecht. Die Vervielfältigung, Bearbeitung, Verbreitung und jede Art der Verwertung außerhalb der Grenzen des Urheberrechtes bedürfen der schriftlichen Zustimmung des jeweiligen Autors bzw. Erstellers. Downloads und Kopien dieser Seite sind nur für den privaten, nicht kommerziellen Gebrauch gestattet. Soweit die Inhalte auf dieser Seite nicht vom Betreiber erstellt wurden, werden die Urheberrechte Dritter beachtet. Insbesondere werden Inhalte Dritter als solche gekennzeichnet. Sollten Sie trotzdem auf eine Urheberrechtsverletzung aufmerksam werden, bitten wir um einen entsprechenden Hinweis. Bei Bekanntwerden von Rechtsverletzungen werden wir derartige Inhalte umgehend entfernen.

Inhaltsverzeichnis:

Vorwort

Hallo, ich will an dieser Stelle gar nicht so viele Worte über mich verlieren, sondern dich dazu inspirieren, mit Hilfe dieser 20 Ideen dein Leben erfolgreich zum Positiven zu verändern.

Denn wir alle kennen die Momente der Unzufriedenheit oder das Gefühl des Scheiterns angesichts widriger Umstände, die uns das Leben schwer machen. Wie wir diese im Verlauf des Buches überwinden lernen, zeige ich dir gern anhand der Illustration auf dem Cover.

Die zwei Trichter stellen unser Leben dar: Auf der rechten Seite siehst du Sachverhalte, die dein Leben negativ bestimmen. Der Trichter auf der linken Seite hingegen reichert sich mit positiven Ergebnissen an, die dieses Buch vermittelt. Du selber wirkst aktiv mit, damit die rechte Seite weniger und die linke Seite mehr und mehr an Bedeutung für dich gewinnt.

Sprich, durch diesen Ratgeber hast du nun die Möglichkeit, mehr von dem, was du willst und weniger von dem, was du nicht willst, in dein Leben zu lassen. Jedoch nur, solange du auch die Inhalte immer wieder umsetzt, so wie das Strichmännchen an der Kette ziehen muss, damit sich dessen Leben verändert.

Diese 20 Ideen sind keine „Eintagsfliegen", sondern vielmehr das Ergebnis meiner Lebenserfahrung und gründlicher Reflexion. Sie beinhalten Aufgaben, die miteinander zusammenhängen. Daher empfiehlt es sich, dieses Buch erst einmal nur durchzulesen, um dann beim zweiten Mal Lesen sich an die Aufgaben zu wagen.

Denn wichtig ist nicht, alles sofort umzusetzen, sondern auf der Basis des gesamten Werkes nach und nach loszulegen.

Mit diesen Worten verabschiede ich mich nun an dieser Stelle und wünsche dir viel Spaß beim Lesen, und natürlich auch beim anschließenden Umsetzen.

Eine Sache noch, unter dem nachfolgenden Link findest du die Linkliste zum Buch -->
http://bit.ly/37Cfgex

Idee 1 - Betrachte Probleme mit einer anderen Sichtweise

Zunächst stellt sich die Frage, was wir überhaupt unter einem Problem verstehen. Klar, ein Problem ist ein Ärgernis, ein Hindernis, oder ein Konflikt. Auf jeden Fall etwas negativ Besetztes, das kein Mensch braucht. Besonders nicht, wenn etwas möglichst schnell und reibungslos vor sich gehen soll. Nun ist ein Leben ohne Probleme, wie wir alle aus Erfahrung wissen, weder im realen und globalen Leben an sich, noch im kleinen alltäglichen Ablauf möglich.

Selbst wenn man meint, stets gut organisiert zu sein, hat doch schon jeder die folgende Situation erlebt: Du stehst mit den Einkäufen an der Kasse, willst bezahlen, hast aber dein Portemonnaie vergessen. Das liegt schön zu Hause, zusammen mit der Bankkarte, weil du heute eine andere Tasche oder Jacke mitgenommen hast. Oder es liegt noch griffbereit auf der Kommode im Flur.

Dieses Alltagserlebnis hat gleich mehrere Problem-Facetten: zum einen die peinliche Situation in der Öffentlichkeit, dann zweitens unverrichteter Dinge wieder nach Hause zu fahren, was immer ärgerlich ist, um sich dann drittens zu überlegen, ob man sich erneut auf den Weg machen möchte oder vielleicht gar keine Zeit mehr dafür hat und die ganze Aktion somit umsonst war.

Ich zeige dir, wie man nicht nur mit Alltagsproblemen besser umgehen lernt, sondern Probleme generell mit anderen Augen sieht. Nämlich nicht als bloßes Ärgernis, sondern vielmehr als Herausforderung, als Chance für geeignete Lösungen. „Probleme sind Lösungen im Arbeitsanzug.", habe ich mal als klugen Satz in einem Fernsehkrimi gehört. Harald Schmidt sagte in seiner Show sinngemäß: „Wenn Probleme immer negativ wären, würden sie nicht Probleme, sondern Anti-bleme heißen." Was zwar sprachwissenschaftlich nicht stimmt, jedoch als Scherz eine tiefere Wahrheit enthält.

Am Beispiel des vergessenen Portemonnaies: Einfach mit einem netten Lächeln reagieren, dann ist es nicht mehr peinlich, denn das kennt schließlich jeder aus eigener Erfahrung.

Ohne Einkäufe nach Hause zu fahren bringt dich vielleicht auf die Idee, erstmal die Reste aus dem Kühlschrank zu verbrauchen, bevor sie verderben, und im Vorratsschrank nachzusehen, was dort noch für Schätze schlummern. Und du kannst dich fragen, sind es wirklich sooo dringende Sachen, weswegen du dich heute nochmal extra auf den Weg machen musst? Oder kannst du das besser ein andermal unterwegs erledigen und hast für heute das Geld gespart?

Und wenn du öfter etwas zu Hause liegen lässt (wie Geld, das Essen für die Arbeit oder den Haustürschlüssel), dann liegt das Problem ganz sicher woanders: Du bist so abgelenkt, dass gewisse Automatismen nicht mehr funktionieren und zum Problem werden können. Erst dann wird dir vielleicht bewusst, dass du schon länger gestresst bist und dir irgendetwas oder irgendjemand deine Energie wegzieht. Das Problem des vergessenen Portemonnaies bringt dich somit zum Nachdenken über dich und dein Leben.

Von daher sind Probleme, wie ich finde, etwas Gutes; auch wenn du vielleicht noch anders darüber denken magst. In Fluch der Karibik sagte Jonny Depp mal: "Das Problem ist nicht das Problem, sondern wie wir das Problem sehen, ist das Problem".

Und genauso ist es auch, es ist stets der Betrachtungswinkel, welcher auch eine Plattform als Oben oder Unten betiteln lässt. Stehst du unter einer Plattform, ist sie für dich oben, ist sie dagegen niedriger als du, ist sie unten.

Um mit Problemen fertig zu werden, ist es nicht der richtige Ansatz, vor ihnen davon zu laufen, denn dann gehen sie dir hinterher, bis du es geschafft hast, dich ihnen zu stellen und sie zu meistern.

Probleme sind in meinen Augen einfach nur Prüfungen. Hast du dich gut auf diese vorbereitet, dann sind sie kein Problem für dich; solltest du dich dagegen nicht gut auf diese vorbereitet haben, dann stellt die Prüfung ein regelrechtes Problem für dich dar, wie eine Frage, auf die du noch keine Antwort parat hast.

Probleme fordern dich also heraus und lassen dich an ihnen wachsen. Du kennst bestimmt den Spruch: "Was dich nicht umbringt, macht dich stärker". Das heißt, ohne Problem bzw. Herausforderungen - was sie ja schließlich sind - würden wir nicht wachsen können und das Leben würde sehr schnell, sehr langweilig werden können.

Und hier auch mal die Frage, wäre ein Problem für dich ein Problem, wenn es einfach dazu diente, dich in die richtige Richtung zu lenken oder große Geschenke enthält? Wir wissen nicht immer, welche Bedeutung dieses Problem gerade hat, wir wissen jedoch eines, und zwar, dass sich durch dieses eine Problem dein ganzes Leben verändert hat, denn du hast plötzlich andere Entscheidungen getroffen als sonst und deine Zeit anders verbracht.

Stell dir vor, du willst unbedingt zu Ort B aber plötzlich versperrt dir etwas den Weg. Da du hier gerade nicht weiter weißt, stellt dies natürlich ein Problem für dich dar. Betrachten wir dies jedoch mal aus einem anderen Winkel, du wärst an Ort B gelangt, wurdest jedoch unterwegs überfallen. Mit diesem Wissen wäre das Hindernis plötzlich kein Ärgernis mehr, sondern entspräche eher einem Segen. Was ich damit sagen will ist, dass sich durch ein uns in den Weg stellendes Problem manchmal neue Türen öffnen werden, welche ohne das Problem gar nicht möglich gewesen wären.

Lasst uns Probleme darum auch als Hinweisgeber betrachten, denn nur wenn uns Steine in den Weg gelegt werden, auf die wir achten müssen, schauen wir auch hin und wieder auf den Weg und merken, ob wir noch auf dem richtigen Weg sind. Sie sollen uns auch manchmal vor den falschen Entscheidungen retten.

Ein Beispiel aus meinem Leben: Hätte ich niemals ein Problem mit meinem Körper gehabt, also dass ich nur sehr schwer zunehmen kann, dann hätte ich mich vielleicht nie so intensiv mit Bodybuilding und Ernährung auseinander gesetzt und müsste heute auf viele der Vorteile, welche eine gesunde Lebensweise mit sich bringt, verzichten.

Probleme sollen uns im Spiel Leben also auch manchmal vor schlechten Entscheidungen bewahren und zu den richtigen Türen lenken.

Würde es keine Probleme mehr geben, dann wären wir im Stillstand und wer will das schon auf Dauer? Probleme lassen uns also erst wachsen.

Man könnte sich ein Problem ja auch einfach zu Nutze machen, denn wer sagt denn, dass man mit diesem Problem ganz allein dasteht? Wahrscheinlich werden auch viele andere Menschen von diesem Problem betroffen sein, also macht man sich einfach mal die Mühe eine Lösung für das Problem zu kreieren und diese dann zu verbreiten.

Probleme sind Chancen zum Wachsen, indem wir uns ihnen ab sofort einfach stellen und sie angehen. Jedes Problem hält nämlich auch gleich immer eine Chance parat, indem du es zum Beispiel für dich nutzt, weil du die Lösung anderen zur Verfügung stellst und damit Geld verdienen kannst. Aber auch einfach, um stärker zu werden, ähnlich wie im Krafttraining, wo deine Muskeln auf ein zu großes Hindernis (Problem) treffen und an diesem beginnen zu wachsen.

Und manchmal ist das Problem einfach nur, dass wir keine bessere Alternative haben. Stell dir beispielsweise vor, du hast ein Problem mit deinem Blutzuckerspiegel, und in deiner Verwandtschaft gibt es schon Fälle von Diabetes. Du würdest aber ungern dein ganzes weiteres Leben auf z.B. Schokokuchen verzichten wollen.

Das Problem ist hier nicht unbedingt der Schokokuchen, der dich gerade angrinst, sondern das Problem ist einfach nur, dass es zu wenige gesunde Schokokuchen gibt und auch wenn es sie gibt, sind sie gerade nicht so leicht verfügbar, da du sie noch nicht kennengelernt hast. Es würde also ein Leichtes für dich sein, auch auf einen gesunden Schokoladenkuchen zurückzugreifen, wenn dieser mindestens genauso gut aussieht und schmeckt, oder?

In diesem Fall ist das Problem also einfach nur die fehlende, bessere Alternative. Oder zum Thema Plastikmüllverschmutzung im Meer: So herrscht auch dieses Problem, weil es noch nicht genug bessere Alternativen in der Umsetzung gibt. Würden wir statt des normalen Plastiks kompostierbares Plastik nehmen, Obst und Gemüse nicht in Plastikverpackungen stecken, sondern mit einem Laser gravieren und auf stabilere Verpackungen mit Pfand zurückgreifen, dann würden unsere Meere beispielsweise heute ganz anders aussehen.

Fassen wir nun einmal zusammen, was Probleme wirklich sind bzw. wie wir diese ab sofort betrachten und einordnen.

Probleme sind:

1. Herausforderungen

2. Chancen

3. Fragen ohne Antworten

4. Hinweisgeber

5. Lebensretter

6. Lebensveränderer

7. Rätsel bzw. ungelöste Aufgaben

8. Prüfungen

Lasst uns diese darum auch stets mit dieser Sichtweise betrachten und sie angehen. Ganz wichtig ist es dabei, sich erst einmal zu fragen:

1. Wie konnte das Problem überhaupt entstehen?

2. Welche tiefere Bedeutung könnte dieses Problem für mich und mein Leben haben?

3. Gibt es Alternativen zu diesem Problem?

4. Wie kann ich das Problem als Chance nutzen?

5. Vor welche Prüfung stellt mich dieses Problem, was soll ich daraus lernen?

6. Wie schaffe ich es, dass dieses Problem nicht mehr auftaucht?

7. Was ist eigentlich gut an diesem Problem?

8. Welche Lösungen gibt es?

9. Und welche Lösung werde ich umsetzen?

10. Was für ein Mensch muss ich werden, damit mir das Problem nicht mehr so viel ausmacht?

Wenn du anfängst dir stets diese Fragen zu stellen, sobald du vor einem Problem stehst und diese selbstverständlich auch nach bestem Bemühen beantwortest, wird das Problem aufhören ein Problem für dich darzustellen.

Also was sind Probleme nun für dich? Für mich sind sie zumindest Aufgaben, welche ich noch nicht mal allein zu lösen brauche, denn wozu gibt es Masterminds (https://bit.ly/2OkUo2q), mit denen man sich gemeinsam mögliche Lösungen überlegt und diskutiert?

Ich denke, nun weißt und kannst du verstehen, wieso Probleme in meinen Augen etwas Tolles sind. Denn Probleme zeigen mir Defizite auf, wo ich noch wachsen kann. Denn hätte ich nicht in irgendeiner Form hier ein Defizit z.B. an Wissen oder Entwicklung, dann würde das Problem für mich gar kein Problem darstellen. Oder denkst du, Lesen ist für einen Studenten ein Problem? Für ihn nicht, jedoch für viele Analphabeten, aufgrund des vorhandenen Defizits in ihrer Entwicklung bzw. ihres Kenntnisstandes.

Praxis:

1. Schreibe einmal alle deine Probleme auf ein Blatt Papier und wende die hier gelernte Sichtweise auf diese an.

2. Überlege dir, wie du diese langfristig vermeiden kannst, welche Chancen sie bergen und was sie dich lehren sollen. Lies hierzu dieses Kapitel noch einmal, mache dir Notizen und wende dein neu erlerntes Wissen bei diesen Problemen an.

3. Erstelle dir zusätzlich einen Spickzettel, den du immer bei dir trägst und versprich dir, diesen stets durchzugehen, sofern du einmal ein Problem haben solltest.

Idee 2 – Statt dich aufzuregen, denk an Folgendes...

Ich will dir nun beibringen dürfen, das Leben ab sofort etwas entspannter anzugehen.

Als erstes wäre mal wichtig, die Frage zu klären, weshalb wir uns überhaupt aufregen? Hier zählen unter anderem folgende Ursachen zu:

1. Wir haben einen Nährstoffmangel bzw. Hunger
2. Wir sind überfordert
3. Wir fühlen uns nicht verstanden
4. Wir sind mit unserer Geduld am Ende
5. Wir sind unzufrieden mit unserer Situation
6. Wir haben es so von unserem Umfeld übernommen

Um ein besseres Verständnis dieser Ursachen und deren Lösungen zu erhalten, nehmen wir uns nun eins nach dem anderen vor.

1.Grund: Wir haben Hunger bzw. sind mit Nährstoffen unterversorgt

Jeder kennt den zugegebenermaßen gelungenen Werbespot mit dem Slogan: „Wenn du hungrig bist, wirst du zur Diva. Du bist nicht du selbst, wenn du Hunger hast." Nun ist der beworbene Schokoriegel sicher nicht die Lösung, die ich hier anbiete. Aber die Situation wurde dennoch treffend beschrieben: Wenn der Magen knurrt beziehungsweise dein Stoffwechselsystem ständig Signale ans Gehirn schickt, dass dir gerade etwas fehlt, dann kann sich dein Gehirn dabei schwerlich auf etwas anderes Wichtiges konzentrieren, wie Arbeit, Lektüre, Sport, Tiefschlaf... Was natürlich Folgen für deine Frust-Toleranz hat.

Sicherlich greifen viele, um eine schnelle Problembeseitigung zu erreichen, dabei zu naheliegenden Genussmitteln und auch Suchtmitteln wie Kaffee, Zigaretten, Junkfood, Alkohol oder gar illegalen Drogen, weil der Körper sehr schnell auf die in ihnen enthaltenen Wirkstoffe reagiert. Auf Dauer jedoch entziehen diese zur Gewohnheit gewordenen Mittel dem Körper wertvolle Energie, Nährstoffe und Vitamine.

Koffein beispielsweise führt zu einer Ausschüttung von Stresshormonen, allen voran Adrenalin, welches auch für die Energieausschüttung verantwortlich ist. Eigentlich sind diese Reserven, welche nun ausgeschüttet werden, für den Notfall gedacht, die Energie kommt nämlich nicht von irgendwoher. Auch das Schlafbedürfnis wird einen früher oder später wieder einholen. Außerdem sorgt Kaffee zusätzlich für einen Vitamin-B-Mangel und gerade B-Vitamine lassen uns resistenter gegen Stress sein.

Genau das Gleiche ist es mit dem Rauchen, welches ebenfalls zu einem hohen Nährstoffverbrauch führt. Und auch, wenn du vielleicht nun sagen magst, dass Rauchen doch beruhigt, so ist dies nicht unbedingt dem Nikotin an sich zuzuordnen. Was nämlich am Rauchen wirklich entspannt, ist die Befriedigung einer Sucht, das entspannt immer, das frische Luft Holen und tiefes Einatmen, in Gesellschaft mit anderen Rauchern zu sein, die kurze Pause und letztendlich der Glaubenssatz, Rauchen würde entspannen.

Dieses kleine Entspannungsritual hat jedoch einen hohen Preis, nämlich das man seinen einzigen Körper, den man hat und in dem man leben darf, vor schwierige Entgiftungsmaßnahmen stellt, damit er überleben kann; und hierfür sind hohe Mengen an Nährstoffen notwendig.

Zudem sorgt ein Nährstoffmangel, wie wir bereits wissen, auch gleichzeitig für Unzufriedenheit und Gereiztheit.

Hier soll nun die Frage beantwortet werden, welche Nährstoffe für starke Nerven benötigt werden:

Hierzu zählen vor allem die Vitamine:

Vitamin B1, Vitamin B2, Biotin, Vitamin B6 und Vitamin B12, Vitamin C, Vitamin D, Vitamin E und Niacin

Gerade diese Vitamine werden hauptsächlich durch Alkoholkonsum, Nikotinkonsum und Kaffeekonsum in höheren Maßen verbraucht.

Diese Erkenntnis, wie wir einen hohen Verbrauch vermeiden können, bringt uns nun jedoch nur ein Stück weiter, denn schließlich wissen wir, dass immer zwei Initiativen nötig sind.

Auch in der Umwelt kann man wohl weiterhin den CO2-Ausstoß verringern, man kann jedoch auch die Luft sauberer machen, indem man einfach mehr Bäume pflanzt. Lasst uns nun darum auch mal schauen, wie wir uns optimal mit diesen Vitaminen eindecken können.

Vitamin B1:

- Gerstengras - Bierhefe - Sonnenblumenkerne - Naturreis - Erdnüsse - Erbsen - Haferflocken - Weiße Bohnen - Weizenkeime/-sprossen - Sprossen und Keime im Allgemeinen

Vitamin B2:

- Bierhefe - Mandeln - Sojabohnen - Hefeflocken - Pflaumen - Weizenkeime - Linsen, besonders Linsensprossen - Erbsen - Tempeh - Champignons - Kürbiskerne - Avocado - Haselnüsse - Milchprodukte - Sprossen und Keime im Allgemeinen - Spargel - Kohl - Fisch - Algen

Vitamin B6:

- Gerstengras - Bierhefe - Sojabohnen - Kichererbsen - Erdnüsse - Mohn - Bananen - Naturreis - Kartoffeln - Hummer - Lachs - Sardine - Walnusskerne - Sesam - Makrele - Geflügel - Haferflocken - Linsensprossen - Sprossen und Keime im Allgemeinen

Vitamin B12:

- Innereien - Allerlei tierische Produkte (Milchprodukte, Eier, Fleisch, Fisch, Meeresfrüchte, etc.) - Bierhefe - Spirulina-Algen - Chlorella-Algen - Fermentiertes wie Sauerkraut - Hefe

Biotin:

- Gerstengras - Bierhefe - Bananen - Erdbeeren - Aprikosen - Grapefruit - Kirschen - Birnen - Tomaten - Erbsen - Spargel - Blumenkohl - Kartoffeln - Eier - Erdnüsse - Walnüsse - Mandeln - Milchprodukte - Leber - Fleisch - Fisch – Haferflocken

Allen voran sind hier besonders zu nennen: Nüsse, Leber, Eier und Bierhefe

Niacin:

- Gerstengras - Bierhefe - Innereien - Hefe - Erdnüsse - Geflügel - Fisch - Reis - Champignons - Vollkornprodukte - Linsen, vor allem Linsensprossen - Grünkohl - Sprossen und Keime im Allgemeinen - Algen

Vitamin C:

- Gerstengras - Acerolakirschen - Kiwis - Sprossen und Keime - Brennnesseln - Zitronen und Zitrusfrüchte im Allgemeinen - Beeren - Hagebutten - Sauerampfer - Rohes Obst und Gemüse - Blattgrün

Vitamin D:

- Sonnenschein – allgemein Tageslicht

Vitamin E:

- Gerstengras - Sonnenblumenkerne - Sprossen und Keime im Allgemeinen - Keimöl - Avocado - Nüsse - Bierhefe

Bei den B-Vitaminen sowie Vitamin C ist jedoch darauf zu achten, dass diese wasserlöslich und meist auch hitzeempfindlich sind und darum in gekochter Nahrung kaum noch vorhanden sind.

Fassen wir nun aber mal zusammen:

Einige wenige Lebensmittel stechen bei diesen Nährstoffen am meisten heraus. Hierzu zählen Sprossen und Keime, Gerstengras, Bierhefe, Eier, Nüsse und Innereien. Größtenteils also Lebensmittel, welche man für gewöhnlich nicht so oft isst – außer vielleicht das Ei zum Frühstück. Wie können wir dies nun ändern?

Sprossen und Keime lassen sich ganz einfach Zuhause selbst ziehen und sind i.d.R. innerhalb von unter 3 Tagen fertig, sind an Frische nicht zu übertreffen und auch im Preisverhältnis nicht. Gerade für Menschen, die kostenbewusst leben oder der Ansicht sind, gesunde Ernährung sei zu teuer, kann ich die Sprossenzucht unbedingt empfehlen!

100g Linsen ergeben beispielsweise ca. 500g Gemüse in Form von Sprossen und kosten lediglich 0,20€. Aber auch über Gerstengras sollte man sich Gedanken machen.

Hier kosten nämlich 100g Saat lediglich 0,06€ und bieten neben ihren Nährstoffen noch eine blutreinigende Wirkung.

Sprossen lassen sich beispielsweise einfach so, mit Salz, in Salaten, aufs Brot, in der Pfanne oder ins Essen untergemischt gut essen. Gerstengras lässt sich am besten mit einer Kurbelsaftpresse (https://amzn.to/36IoQfr) entsaften oder in Smoothies mixen.

Auch Bierhefe kostet fast nichts, wenn man es beispielsweise als Tierfutter bestellt (ca. 5,30€/Kg). Man kann sie sich am besten in geringen Mengen ins Essen untermischen oder als Tabletten zu sich nehmen. Ich arbeite noch an einer Lösung, wie man sie am besten zu einem leckeren Rezept verarbeiten kann.

Eier lassen sich am besten gekocht, als Spiegelei, als Rührei aufs Brot oder als Zutat genießen. Ob man Eier aus Bodenhaltung kauft oder ein paar Cent mehr für Eier von freilaufenden Hühnern aus der Region ausgibt, kann jeder selbst entscheiden.
Unterstützenswert (auch im Bezug auf die Nährstoffdichte) sind auf jeden Fall Eier von Hühnern, denen nicht die Schnäbel gekürzt und deren Küken nicht vernichtet wurden. Deshalb empfiehlt es sich, auf entsprechende Informationen auf dem Eierkarton zu achten.

Innereien sind natürlich Geschmackssache. Ich empfehle zart gebratene Leber, egal ob vom Huhn, Rind oder Schwein, mit Zwiebel, Apfel und Kartoffeln. Ein gesunder Klassiker mit günstigen Zutaten. Zu beachten ist, dass Innereien im rohen Zustand schnell verderben, weshalb sie zu Hause zeitnah verarbeitet werden sollten. Von daher kann man sie auch nach dem Braten pürieren und als Brotaufstrich essen.

Jetzt will ich dir aber mal zeigen, wie einfach es ist, sich Sprossen selbst zu ziehen.

Zuerst brauchst du drei Sachen: Ein Gurkenglas, ein Gummiband und ein Stück Fliegengitter oder Ähnliches. Zudem brauchst du natürlich noch – neben Zeit – Wasser und die Saat. Hier kannst du unter nachfolgenden beispielsweise wählen:

   - Linsen - Kichererbsen - Sonnenblumen - Leinsamen - Chiasamen - Alfalfa - Süßlupinen - Mungobohnen - Rettich - Brokkolisamen - Senfsamen - Radieschensamen

   - Bockshornklee - Getreidesprossen (Weizen, Roggen, Dinkel, Gerste, etc.) - Quinoa – Buchweizen

Wie du siehst gibt es eine beachtliche Auswahl an Sprossen. Mein Favorit sind hier Buchweizen, Sonnenblumenkerne, Mungobohnen und Linsen, diese lassen sich auch am einfachsten handhaben.

Was ist nun jedoch zu tun?

Schritt 1: Du gibst eine Menge Samen, am besten nicht mehr als ¼ des Glases, in das Gurkenglas und gießt es mit Wasser auf. Bei dem ersten Kontakt mit Wasser empfiehlt es sich, die Saat ein paarmal durchzuspülen. Nun lässt du die Saat ca. 12 Stunden einweichen, ich selbst lasse es einfach über Nacht stehen.

Schritt 2: Nun heißt es einfach nur noch, die eingeweichten Körner täglich 1-2 Mal durchzuspülen, damit das Wasser frisch bleibt. Die oben schwimmenden Körner hierbei bitte entfernen, denn diese sind schlecht! Dies wiederholst du einfach solange, bis alle aufgegangen sind.

Wichtiger Hinweis: Bei Hülsenfrüchten wie Linsen, Kichererbsen, Mungobohnen und Co. wird empfohlen diese vor dem Verzehr kurz zu blanchieren, aufgrund der darin enthaltenen Blausäure.

Ich selbst habe jedoch noch keine Schwierigkeiten mit roh verzehrten Sprossen gehabt. Aber in Haushalten mit Kindern und/oder Haustieren sollte darauf geachtet werden.

Und so einfach ist das. Sprossen ersparen deinem Körper übrigens sehr viel Verdauungsarbeit, da sich die Proteine bereits in Aminosäuren, die Fette in Fettsäuren und die Stärke in Zucker verwandelt haben.

Wie sieht es jedoch nun mit dem Gerstengras aus? Gerstengras soll das Gras sein, welches am meisten Nährstoffe aus dem Boden zieht und somit natürlich auch beinhaltet. Was viele nicht wissen, fast alle Süßgräser sind essbar, als Süßgras werden hierbei Gräser bezeichnet, welche rund beginnen und am Ende flacher werden.

Am besten wächst Gerstengras in Erde, du kannst jedoch auch alten Kaffeesatz (noch) untermischen. Bis es verzehrfertig ist, vergehen ca. 7 Tage. Solltest du also nach den ersten Versuchen Erfolg mit dem Anbau und dem Essen gehabt haben, empfiehlt es sich, etwas mehr anzubauen, bzw. alle 2-3 Tage einen neuen Topf anzusetzen.

Als Topf kannst du hier sogar eine aufgeschnittene PET-Flasche benutzen, welche du einfach mit Erde füllst. Für ein schnelleres Wachstum lässt du die Gerstensprossen am besten über Nacht einweichen und spülst sie täglich durch, bis sie anfangen zu keimen und gibst sie erst dann in einen Blumentopf.

Blumentöpfe bekommst du in fast jeder Blumenhandlung geschenkt, wenn du nach alten gebrauchten Blumentöpfen fragst. Erde kostet so gut wie auch fast nichts, für über 10 kg bezahlst du unter 2€.

Du brauchst hier also nur etwas Erde in den Blumentopf geben, am besten so ca. 5cm hoch, danach gibst du die Gerste darauf und bedeckst sie nur so viel mit Erde, dass sie nicht mehr zu sehen sind. Das Ganze brauchst du nun nur noch täglich zu gießen, bzw. die Erde feucht zu halten und abzuwarten.

Das Gerstengras kannst du dann bei einer Höhe von ca. 10-15cm ernten und in deinen Smoothie mit rein geben, statt teuren Feldsalat, Rucola oder Spinat, welcher bereits tagelang im Supermarkt herumliegt, zu nehmen. Du kannst es jedoch auch in z.B. Pesto mit reingeben oder püriert unter das Essen mischen. Ich empfehle es mit einer Kurbelsaftpresse (https://amzn.to/36IoQfr) zu entsaften.

Du siehst, wie einfach es also sein kann, sich gesünder zu ernähren und dadurch stärkere Nerven zu bekommen.

Jetzt, wo wir wissen, wie wir mehr Vitamine für unsere Nerven erhalten, kommen wir zur nächsten Ursache, weshalb wir uns aufregen:

2. Grund: Wir sind überfordert

Hier kann ich dir schon mal versprechen, dass wir uns weniger leicht überfordert fühlen, wenn wir uns gesund ernähren und mit ausreichend Nährstoffen versorgen. Oft sind wir auch einfach nur überfordert, weil wir noch nicht gelernt haben, mit solchen Situationen umzugehen. Wenn du beispielsweise mit einem Spiel beginnst, dann wird dir alles erklärt und du wirst auch das zehnte Level schaffen können. Wenn du dagegen das Spiel noch nie vorher gespielt hast und dann plötzlich das zehnte Level meistern sollst, sieht es bereits anders aus. Eine Situation kann dich von daher einfach überfordern, weil du noch nicht gut genug darauf vorbereitet bist. Wichtig ist hier zunächst einmal, nicht hektisch zu reagieren. Sondern sich erstmal 5 Minuten zu besinnen und zu überlegen, was jetzt eine Person tun würde, welche darin geübt ist, solchen Situationen gegenüber zu stehen. Oder man greift auf seine Ressourcen und fragt, wenn möglich, jemanden aus seinem Netzwerk, was er oder sie nun tun würden.

Sei dir also stets darüber im Klaren, dass die Situation, welche dich gerade überfordert, so oder so da ist, egal wie du nun reagierst. Damit du jedoch am besten und klügsten reagieren kannst, ist es stets wichtig, Emotionen außen vor zu lassen – und dies schaffst du am besten, indem du erstmal anfängst dich kurz zu entspannen und dir Zeit gibst zu überlegen, natürlich nur, sofern das die Situation erlaubt. Weiterhin ist es auch wichtig, so gut aus dieser Situation zu lernen, dass du das nächste Mal entsprechend auf diese vorbereitet bist, so dass sie dich fortan nicht mehr überfordern kann. So wird es immer weniger Situationen geben, welche dich überfordern können. Das soll nun jedoch nicht heißen, dass du z.B. alle Handwerkerberufe lernen sollst, damit du bei Reparaturen nicht mehr überfordert bist, hier empfiehlt es sich, die Situation an einen Fachmann zu delegieren oder sich Tutorials für die derzeitige Situation anzuschauen, das Internet ist schließlich voll mit Anleitungen und Informationen.

Meistens sind überfordernde Situationen mit Problemen gleichzusetzen, da sie uns herausfordern.

Darum lassen sich hier bereits viele überfordernde Situationen durch die richtige Einstellung gegenüber Problemen vermeiden.

Eine weitere Ursache von Stress ist, wenn man sich nicht verstanden fühlt.

3. Grund: Wir fühlen uns nicht verstanden

Hier sollte man sich selbst vielleicht einfach mal zurücknehmen und genau das säen, was man für sich selbst ernten will, nämlich Verständnis. Wir müssen erst einmal verstehen, dass nicht alle Menschen gleich denken und fühlen und somit die Lösung des Problems nicht immer bei der anderen Person zu suchen und finden ist, sondern vor allem bei uns.

Ich selbst arbeite selbstständig als Schulbegleiter. Ein Junge, welchen ich dort betreue, lässt sich immer leicht von anderen provozieren. Natürlich könnte ich nun mit jedem Kind, welches sich daraus einen Spaß macht, ihn zu provozieren, sprechen und dafür sorgen, dass dieses fortan damit aufhört. Das würde jedoch einer Situation gleichen, in der ich ständig versuche Hühner wieder einzufangen, anstatt einfach mal den Hühnerstall zu reparieren.

Der gemeinsame Nenner sind nämlich nicht die anderen Kinder, sondern es ist der Junge, welchen ich betreue.

Darum ist es auch viel klüger dafür zu sorgen, dass dieser aufhört, auf die Provokationen der anderen zu reagieren, denn dann werden auch die anderen aufhören, ihn zu provozieren. Die Provokationen gehen nämlich solange weiter, bis er gelernt hat, damit umzugehen. Du kannst dich ja noch bestimmt daran erinnern, was ich dir über Probleme erzählt habe. Und genau dies ist ein solches Problem, welches einer Lektion gleicht, die wir zu lernen und zu meistern haben, denn sonst wird es uns überall hin verfolgen.

Wie lässt sich sonst der Fakt erklären, dass Kinder, welche häufig gemobbt werden, auch nach einem Schulwechsel weiterhin gemobbt werden, obwohl sie dort noch niemand kennt?

Man sollte darum stets bei dem gemeinsamen Nenner beginnen. Wenn du dich nun also gestresst fühlst, weil du dich nicht verstanden fühlst, dann musst du einfach lernen, damit besser umzugehen, denn du kannst schließlich nicht jeden Menschen so einfach verändern, wie dich selbst. Und dies schaffst du am besten, indem du das Unverständnis der anderen dir gegenüber nicht persönlich nimmst.

Vielleicht hatte die andere Person einfach noch nicht die gleichen Erfahrungen durchmachen müssen wie du, vielleicht assoziiert sie mit einem Wort ganz unterschiedliche Bedeutungen, als du es tust, vielleicht besitzt sie auch einfach nur wenig Empathie oder aber macht gerade eine schwierige Situation durch und hat dadurch gerade nicht wirklich die Energie , um für andere Verständnis zu zeigen.

Unverständnis kann so viele Ursachen haben, darum ist es erstmal wichtig, selbst Empathie zu zeigen und die Person auch darauf anzusprechen, wie sie sich in deiner Lage gerade fühlen würde. Macht einfach mal einen kurzen Rollentausch, um euch besser in die Lage des anderen versetzen zu können. Manchmal lohnt sich jedoch auch dieser Aufwand nicht und man sollte das Thema einfach nicht weiter beachten.

Bei wichtigen Themen sollte man also darüber sprechen mit der anderen Person, bei unwichtigen Themen dagegen ist es besser, es dabei zu belassen und nicht weiter zu vertiefen.

Kommen wir nun zur nächsten Ursache, nämlich unserer Ungeduld.

4. Grund: Wir sind mit unserer Geduld am Ende

Sollte uns das öfter passieren, dann liegt das mit hoher Wahrscheinlichkeit daran, dass wir unsere Zeit mit den falschen Menschen verbringen. Was bringt es dir beispielsweise, dich mit einem englischsprechenden Menschen auf Deutsch zu unterhalten – dieser spricht einfach eine andere Sprache. Auch im übertragenen Sinne ist es schwierig, sich mit jemandem auszutauschen, wenn man „aneinander vorbei" redet. Oder wenn deine Lieblingsthemen bzw. Ansichten bei deinem Gegenüber nicht das Gehör finden, das du dir wünschst. Nicht jeder interessiert sich im gleichen Maße für Fußball, Politik, Technik oder Schminktipps. Auch wichtig ist, dass nicht jeder Mensch den gleichen Humor hat. Worüber du lachen kannst, findet der Andere vielleicht gar nicht witzig.

Manchmal unterhalten wir uns also einfach mit den falschen Menschen bzw. mit diesem anderen Menschen über die falschen Themen. Hier empfiehlt es sich, sich mit dieser Person fortan über andere Themen zu unterhalten, wenn dir etwas an dieser Person und deinem Stresslevel liegt, oder aber die Themen einfach mit anderen Menschen zu besprechen.

Mit seiner Geduld kann man jedoch auch am Ende sein, wenn man von einer Situation überfordert ist. Gerade wenn es sich um Dinge mit Funktionsausfall handelt, wie Autopanne, Computerpanne etc.. Wie man hier am besten verfahren kann, haben wir bereits als Grund 2 – Wir sind überfordert besprochen.

Kommen wir nun zum vorletzten Punkt, nämlich der Unzufriedenheit.

5. Grund: Wir sind unzufrieden mit unserer Situation

Hier suchen wir zunächst wieder nach den Ursachen. Diese können sein:

- Deine Erwartungshaltung ist höher als das, was du bisher vorgefunden hast

- Du hast dich von Gerede beeinflussen lassen, wodurch deine Erwartungshaltung eine andere ist

Machen wir auch hier gleich mal ein Beispiel: Stell dir vor, du hast in einem Monat 1 kg Muskeln aufgebaut, deine Zufriedenheit ist nun abhängig von deinen Hintergrundinformationen.

Hast du mal gehört, dass man normalerweise mindestens 2 kg in einem Monat an Muskeln aufbaut, dann wirst du eher enttäuscht und somit auch unzufrieden mit deinem Ergebnis sein. Hast du dagegen als Hintergrundinformation, dass 0,5 kg höchstens im Normalfall möglich sind, dann wirst du äußerst zufrieden mit deinem Ergebnis sein, oder?

Der Punkt ist somit nicht unbedingt unsere aktuelle Situation, welche uns zufrieden bzw. unzufrieden macht, sondern unsere Hintergrundinformationen darüber und somit auch unsere Erwartungshaltung.

Ein Mensch, welcher gerade so viel besitzt, dass er seine Grundbedürfnisse decken kann, wird in der Regel sehr unzufrieden mit seiner Situation sein. Wenn dieser Mensch dagegen vorher in absoluter Armut leben musste, wo er auf vieles, wie z.B. ein warmes Bett verzichten musste, dann wird er nun mit seiner aktuellen Situation äußerst zufrieden sein, schließlich stellt sie eine deutliche Besserung dar.

Aber auch unser Umfeld sorgt dafür, dass wir unzufrieden sein können.

Zum Beispiel kann ein Mann aus der Mittelschicht, welcher einen teuren Mercedes fährt, gut verdient und ein Haus besitzt, äußerst zufrieden mit seiner Situation sein, wenn er sich viel mit anderen Menschen umgibt, welchen es schlechter geht oder genauso gut.

Umgibt er sich dagegen viel mit Millionären, welche teure Sportwagen fahren, in Villen wohnen und nicht mehr zu arbeiten brauchen, dann kann derselbe Mann auf einmal äußerst unzufrieden mit seiner Situation sein. Einfach weil er sieht, was alles möglich ist und sich in Gegenwart von erfolgreicheren Menschen minderwertiger fühlt. Dies trifft natürlich nur zu, wenn er sich und seinen Wert, wie in diesem Beispiel, hauptsächlich über materielle Besitztümer und Erfolge definiert.

Du siehst also, dass diesem Mann bzw. Menschen nur geholfen werden kann, wenn A er sich mehr mit erfolgloseren Menschen umgibt, oder, indem er aufhört sich über diese Erfolge zu definieren und seinen Wert daran zu bemessen. Da erstere Option eher zu einem Rückschritt statt zur Weiterentwicklung der Persönlichkeit tendiert, empfehle ich hier, lieber Option B zu beherzigen.

Das geht am besten, indem du dein Selbstbewusstsein weiter ausbaust und z.B. beginnst, dir deine Fähigkeiten und Erfolge bewusst zu machen. Was du erreichen kannst, indem du dir stets notierst, was du gut gemacht hast und dies dann regelmäßig wieder ins Bewusstsein rufst. Je mehr du nämlich deinen eigenen Wert anerkennst, desto zufriedener wirst du auch mit dir und deinem Leben sein.

Unzufriedenheit lässt sich jedoch auch als Antrieb nutzen, denn nur wenn wir unzufrieden sind, sind wir auch bestrebt, etwas an unserer Situation zu ändern und nach mehr zu streben.

Gehe auch stets Zielen nach, welche du in immer kleinere Schritte aufteilst, sodass du fast täglich bei jedem Ziel mehrere Erfolge verzeichnen darfst und dadurch mehr Selbstbewusstsein erhältst und natürlich auch dem eigentlichen Ziel näherkommst. Und nur, wenn wir uns selbst auch so akzeptieren, wie wir sind und dies auch anerkennen, können wir wahres Selbstbewusstsein entwickeln.

Ich beispielsweise habe früher alles getan, damit meine Locken verschwinden, heute dagegen liebe ich sie und bin froh, sie zu haben.

Das liegt natürlich auch daran, weil ich mich nun weniger über andere und mehr über mich als Individuum definiere. Mir ist nun wichtiger, was mir gefällt, statt was den anderen gefällt.

Bei den Locken muss ich jedoch auch eingestehen, dass ich hier bereits viele Komplimente von anderen ernten durfte.

Egal was für Eigenschaften du an dir hast, die einfach zu dir gehören, akzeptiere sie als ein Teil von dir, sie wurden dir von der Natur geschenkt und viele andere würden dich bestimmt darum beneiden. Selbst wenn du dick sein solltest, rührt hier die Unzufriedenheit doch auch wieder nur durch das gesellschaftliche Bild, früher war Fettleibigkeit nämlich ein Schönheitsideal.

Ist es nicht traurig, wie viele Menschen ihre Zufriedenheit von der Gesellschaft bzw. anderen Menschen bestimmen lassen? Ist es nicht viel wichtiger, was uns selber ausmacht und dankbar für all das zu sein, was wir haben und können? Dankbarkeit ist übrigens eines der besten Heilmittel gegen Unzufriedenheit. Denn wir können entweder auf das schauen, was wir alles nicht haben, das wird uns jedoch eher unzufrieden machen. Wir können jedoch auch einfach öfter mal auf das schauen, was wir bereits alles haben, dies wird uns nämlich zufrieden und dankbar machen.

Zusammengefasst lässt sich also sagen: Wenn man zufriedener mit seiner Situation sein will, dann gilt es, seinen Fokus auf das, was man hat zu lenken, also auf den Überfluss statt auf den Mangel. Und sein Selbstwertgefühl sowie Selbstbewusstsein dadurch zu erhöhen, indem man nicht so viel Wert auf die Meinungen anderer gibt, sondern sich so akzeptiert, wie man ist.

Somit kommen wir nun zu der letzten Ursache.

6.Grund: Wir haben es so von unserem Umfeld übernommen

In bestimmten Situationen gestresst zu reagieren, kann seine Ursachen erziehungsbedingt haben, oder weil du es nie anders erlebt hast. Stell dir vor, alle deine Freunde würden immer gestresst reagieren, wenn sie eine Spinne zu sehen bekommen, dann würdest du ab sofort doch auch stets gestresst sein, wenn du Spinnen siehst. Selbst wenn dich Spinnen eigentlich nicht stressen, so hättest du in dieser Situation doch immer das gestresste Verhalten der anderen übernommen. Und genau das wird dein Gehirn fortan miteinander assoziieren (Spinne = Stress).

Die Spinne ist natürlich bloß ein Anschauungsbeispiel und kann durch alles Mögliche ersetzt werden.

Bei beiden Ursachen gilt es, dieses Muster zu erkennen und durch etwas Neues zu ersetzen. Stell dir vor, diese Situation würde Glück bringen, wie ein vierblättriges Kleeblatt, dann würdest du dich freuen, statt gestresst zu sein. Messe diesen Situationen also einfach eine neue Bedeutung zu.

Nun bist du gewappnet, jeder stressigen Situation entgegen zu treten. Eine Sache will ich an dieser Stelle gern noch hinzufügen, wenn wir Situationen betrachten, in denen du dich aufregst. Hier schauen wir uns einfach einmal 2 Sichtweisen an, die fortan am besten auch Teil deines Mindsets sein sollten.

Ein Spruch (eines unbekannten Verfassers) besagt, dass wenn wir uns über Andere aufregen, es einer Situation gleicht, in der wir unser eigenes Gift schlucken und hoffen, dass es den Anderen trifft.

Ein weiterer Spruch besagt, wenn wir uns über Andere aufregen, gleicht es einer Situation, in der wir brennende Kohlen auf Andere werfen.

Beide Sprüche besagen, dass man eher sich selbst als dem anderen schadet, und genau darum hat es auch keinen Sinn.

Selbst wenn dich jemand beleidigen sollte, brauchst du dich nicht aufzuregen, denn gerade das scheint doch das Ziel der anderen Person zu sein – lasse dich also auf keinen Fall durch ihre Worte manipulieren. Ich meine, wenn du jemanden ein Geschenk machst und der andere es nicht annimmt, wem gehört es dann? Genau, dem der es versucht hat zu verschenken. Und genauso ist es auch mit Beleidigungen, welche solange dem gehören, der sie ausspricht, bis die andere Person sie annimmt.

Und da Zeit etwas ist, das nie wieder zurückkommt, verschwende keine Zeit mit Menschen, welche dir eigentlich nur schaden wollen.

Und wenn du über eine Situation nachdenkst, über die du dich normalerweise aufregst, wie zum Beispiel ein Stau oder die verspätete Bahn, versuche doch einmal, darin nicht eine Strafe, sondern ein Geschenk zu sehen. Denn Fakt ist, wir können nie wirklich wissen, wie es ausgegangen wäre, wenn es anders verlaufen wäre, oder? Also wäre es da nicht viel besser, etwas Positives in dieser jeweiligen Situation zu sehen?

Vielleicht hat dich der Stau auch vor einem Unfall bewahrt, der sich sonst auf der nächsten Ecke ereignet hätte, vielleicht wärst du sonst aber auch nicht dieser attraktiven Frau/diesem attraktiven Mann begegnet. Gehe also fortan stets vom Positiven aus. Es geschieht dir nur Gutes.

Ich fasse nun meine Idee 2, wie wir uns in stressigen Situationen besser verhalten, anhand praktischer Aufgaben für dich zusammen, denn

wir wollen nicht nur in der Theorie bleiben, sondern auch ins Handeln kommen, damit du ein solches Mindset verinnerlichst und besser mit Stress umgehen kannst.

Praxis

1. Als erstes mache dir deine Ernährung bewusst - ob du eventuell einen Mangel oder höheren Bedarf an bestimmten Nährstoffen haben könntest, welche dich stressresistenter machen. Sollte dem so sein, setze diese Lebensmittel auf deine Einkaufsliste, überlege dir, wie du diese zu einem leckeren Mahl machen kannst und besorge sie dir. Achte darauf, mit diesen Nährstoffen stets bestens versorgt zu sein. Bevor du nun zur nächsten Aufgabe übergehst, erledige zuerst diese Aufgabe oder blocke einen Termin, an dem du dies tun willst.

2. Schreibe alle Situationen auf, in denen du gestresst bist und schreibe dazu, wie du zukünftig auf solche Situationen reagieren willst. Überlege dir, was notwendig ist, damit diese Situationen ab sofort nicht mehr stressig für dich sind.

3. Stelle dir bei diesen Situationen die nachfolgenden Fragen und setze die Erkenntnisse daraus um:

• Was genau überfordert dich an dieser Situation?

• Was müsstest du wissen, damit du nicht von diesen Situationen überfordert wärest?

• Woher kannst du genau dieses Wissen nun bekommen?

• Kennst du vielleicht sogar jemanden, der mit dieser Situation nicht überfordert wäre und dir nun helfen könnte?

• Ist es nun wichtig, sich dieser Situation gegenüber zu stellen oder gibt es auch andere Möglichkeiten? Auch kannst du dir diese Fragen aufschreiben und stets als Sofortmaßnahme in stressigen Situationen nutzen.

4. Erstelle dir einen kleinen, kompakten Aktionsplan, auf den du schreibst, was du ab sofort in diesen stressigen Momenten als Gegenmaßnahmen umsetzen willst. Beispiele wären hier z.B. Entspannungstechniken, überlegen, was in dieser Situation am besten getan werden sollte und das Problemmindset auf diese Situation anwenden, welches du im vorherigen Kapitel lernen durftest. Zum Beispiel bei unangenehmen Zeitgenossen Verständnis zu zeigen oder Verantwortung zu übernehmen, denn nur so hast du auch die Macht, etwas zu verändern, da es sich nur so innerhalb deines Einflusses befindet. Und sich die Frage zu stellen, was und wie man aus dieser stressigen Situation fürs nächste Mal lernen kann.

5. Gehe in Gedanken durch, wie du ab sofort mit Personen umgehst, welche dich durch ihr Verhalten verletzen.

6. Mögliche Gegenmaßnahmen wären hier z.B., einen Rollentausch zu machen und sich in die andere Person zu versetzen, etwas nicht persönlich zu nehmen, Empathie und Verständnis gegenüber der Person zu zeigen, das Verhalten der Person zu ignorieren bei unwichtigen Themen oder bei wichtigen Themen einfach mit dieser Person darüber zu sprechen.

7. Solltest du einmal aufgrund anderer Personen ungeduldig werden und bei gewissen Themen immer wieder in Streit kommen, dann nimm dir ab sofort vor, diese Themen nicht mehr mit dieser Person zu besprechen, sondern stattdessen mit Anderen. Oder vielleicht auch gar nicht mehr. Überlege dir hierzu auch einmal, bei welchem deiner Freunde, Bekannten und Familienmitglieder dies notwendig wäre.

8. Setze bei Unzufriedenheit die nachfolgenden Techniken um:

- Ergründe die Ursache der Unzufriedenheit und finde hierfür Lösungen.
- Verändere deine Erwartungshaltung: Statt dich darüber zu ärgern, dass du nur so wenig erreicht hast, freue dich über das, was du erreicht hast. Wichtig ist jedoch, dies nie als Ausrede zu nutzen, sondern lediglich, um deinen aktuellen Gefühlszustand zu verbessern. Auch kannst du deine Erwartungshaltung stets nur ein kleines bisschen über deine Höchstleistung halten und diese parallel zu deiner Leistung stetig weiter anheben.
- Verzichte zeitweise auf Sachen und Fähigkeiten, um diese wieder zu schätzen lernen. Dies gleicht einer Fastenkur auf anderen Ebenen und kann dir helfen, dich über für uns selbstverständliche Sachen zu freuen.

- Nimm dir vor, dich nicht mehr mit anderen zu vergleichen, da wir Menschen einfach zu individuell sind und zu viele Faktoren hier mit reinspielen. Vergleiche dich ab sofort höchstens noch mit deinem vergangenen Ich und strebe an, stets nur besser zu sein, als du es gestern noch gewesen bist. Messe dich somit an vergangenen Leistungen anstatt an Leistungen anderer Menschen.
- Höre ebenfalls damit auf, dich über Materielles zu definieren
- Mache dich einmal deiner ganzen Fähigkeiten und Erfolge im Leben bewusst. Hierbei kann auch das tägliche Schreiben in einem Journal (leeres Buch) helfen. Schreibe hier einfach stets hinein, was dich entweder an diesem Tag glücklich gemacht hat oder weitergebracht hat. Schreib hier auch einmal rein, was du in der Vergangenheit bereits alles leisten durftest, auf das du heute stolz bist. Mache dir nun am besten eine Erinnerung im Kalender, wann du die ersten Schritte hierfür gehen willst. Ich persönlich nutze z.B. Evernote als Erfolgsjournal.
- Überlege dir, wie dir deine Unzufriedenheit als Antrieb dienen kann, um etwas zu verändern.

- Erstelle dir für Aufgaben, die dir zu groß erscheinen einen Erfolgsplan, indem du die Aufgabe in kleinere Zwischenziele und diese wiederum in kleinere Aufgaben zerlegst. Das Gleiche kannst du natürlich auch bei Zielen anwenden. So fällt es dir auch leichter, selbst kleine Erfolge in Bezug auf dein Ziel zu feiern und den Fortschritt besser wahrzunehmen, wodurch du auch enthusiastischer in Bezug auf deine Ziele wirst.

- Lerne dich selbst so zu akzeptieren wie du bist. Anstatt Eigenschaften an dir zu kritisieren, kannst du diese auch anfangen zu wertschätzen. Ganz oft ist es nämlich so, dass uns andere Menschen für Eigenschaften, welche wir haben, die wir selbst kritisieren, beneiden und diese auch selbst gerne hätten. Erkenne sie daher als Geschenke an. Erstelle hierzu eine Liste, in der du aufschreibst, was an deinen Eigenschaften, welche du selbst kritisierst, gut ist.

- Lenke deinen Fokus von Sachen, die du nicht hast, aber gerne hättest, zu Sachen, die du bereits hast und freue dich stattdessen über diese. Denn wer auf das schaut, was er nicht hat, lebt im Mangel und wird nur noch mehr Mangel in sein Leben einladen. Wer stattdessen auf das schaut, was er hat und dafür dankbar ist, der lebt in Fülle und wird noch mehr Sachen in sein Leben ziehen, für die er dankbar sein kann. Worauf du deinen Fokus richtest, das wird sich auch vermehren und mehr in dein Leben kommen. Also was ist dir lieber: Mehr Mangel oder mehr Fülle?

- Schreib dir einmal auf, weshalb es besser ist, Schönheitsideale zu ignorieren und so zu sein, wie man selbst am liebsten ist, statt irgendeinem Ideal zu entsprechen.
- Führe ein Dankbarkeitsjournal, in das du stets reinschreibst, wofür du dankbar bist.

9. Sollte dich dein Umfeld stressen, gehe hier einmal den Ursachen auf den Grund und schaue nach Mustern. Schaue warum dich manche Menschen und Umstände stressen und finde deren gemeinsamen Nenner. Meistens liegt es an der Interpretation, also der Bedeutung, welcher wir verschiedenen Ereignissen beimessen. Ersetze im nächsten Schritt nun die Bedeutung bzw. Interpretation und nimm dir ab sofort ein anderes Verhalten in Bezug auf diese Ereignisse vor. Statt dich zum Beispiel über Spinnen aufzuregen, kannst du diese auch als

Zeichen dafür, dass bald etwas Wundervolles in dein Leben kommen wird, sehen. Verkehre so mit jeder Situation, welche dich stresst oder dir unangenehm ist.

10. Erzähle mindestens 5 Personen die zwei unter Grund 6 angeführten Sprüche übers Aufregen und nimm dir vor, dir diese stets zu vergegenwärtigen, sobald du einmal selbst in eine Situation gelangen solltest, in der du dich über andere Menschen aufregen willst.

11. Nimm dir ebenfalls vor, dich ab sofort nicht mehr mit unerwünschten Aussagen zu identifizieren, indem du dir in Gedanken einen anderen Namen gibst und dich dadurch nicht mehr angesprochen fühlst.

12. Schaue dir das nachfolgende Video an und sieh alles, was dir passiert, ab sofort als notwendig an, um noch mehr Gutes in dein Leben kommen zu lassen. → https://youtu.be/mIUxozIhPyo (Motivation - Ändere deine Gedanken)

13. Mache dir bewusst, dass nichts von Dauer ist, auch unangenehme Situationen nicht. Erinnere dich, du durftest schon viele schwierige Situationen durchmachen und auch diese sind dann irgendwann vorbei

gewesen.

Damit liegen dieses Mal eine ganze Menge spannender Aufgaben vor dir. Solltest du einige davon gerade nicht umsetzen können, dann blocke dir in deinem Kalender einen Termin für jede Aufgabe und setze sie dann um. Du wirst merken, dass alle diese Aufgaben dir helfen werden, ein Mindset aufzubauen, dass dich automatisch stressresistenter macht.

Idee 3 - Verfolge eine Vision/einen größeren Plan

Einer Vision nachzugehen heißt: Du hast eine Anfangssituation, wo du dich gerade aktuell befindest, ein Ziel, wo du hinwillst und einen Weg, den du dazu gehen musst. Unterwegs ergeben sich dann noch mehrere Hindernisse, welche dich dazu zwingen, besser zu werden und dich in die Lage versetzen, dich immer größeren Herausforderungen zu widmen.

Wenn dich diese Erlebnisse an ein Computerspiel denken lassen, kommt das nicht von ungefähr. Früher saß ich oft immer an der Konsole, heute hingegen lebe ich komplett ohne Fernseher und Konsole. Denn irgendwann dachte ich mir, wozu meine Zeit und Energie für eine rein virtuelle Welt aufbringen, die mit der eigentlichen Welt, in der ich lebe, nichts zu tun hat? Wozu immer mehr Geld für noch schnellere Konsolen und noch perfektere grafische Simulationen ausgeben? Warum versuche ich nicht stattdessen, diese schönen, spannenden Welten im wirklichen Leben aufzubauen? Statt also meine Vision in Computerspielen dargestellt zu sehen - was hält mich denn eigentlich davon ab, nicht umgekehrt meine Ziele im Leben nach der Art eines Computerspiels zu erreichen?

Und meine Erfahrung hat mir seitdem gezeigt: Es ist einfach fantastisch, wie sich mehr und mehr das Leben so ausrichtet, dass du nach und nach alle Bausteine bekommst, welche du zur Annäherung an deine Vision benötigst.

Eine Vision gibt unserem Leben erst wirklich Bedeutung, denn eine Vision ist etwas viel Größeres als nur ein Ziel. Ziele sind mitunter schnell erreicht.

Eine Vision kann jedoch manchmal auch ein ganzes Menschenleben überdauern und darüber hinaus gehen. Denn eine Vision besteht aus mehreren großen Zielen. Sie wird anfangs nur in deiner Vorstellung existent sein, wenn du jedoch dranbleibst, wird sie bald auch manifestiert existieren können.

Durch das Verfolgen einer Vision wird sich so vieles in deinem Leben verändern können. Es werden neue Menschen in dein Leben kommen, bekannte Menschen werden gehen, du wirst vielleicht sogar umziehen, und unterwegs werden sich dir weitere und neue Chancen zur Verwirklichung deiner Vision bieten, welche du nutzen kannst. Denn plötzlich wird dein Fokus auf diese Vision gerichtet sein. Und das, worauf wir uns konzentrieren, zieht Energie auf sich und weitere nach sich.

Denke aber daran, dass es kein zu leicht erreichbares Ziel sein sollte, auch nicht zum Anfang. Denn das wird dich nicht fordern und somit weiterentwickeln lassen können. Es sollte dich also schon an deine Grenzen kommen lassen. Außerdem ist es langweilig, sich einem Spiel zu widmen, welches zu leicht für uns ist; das wäre fast so, als würden wir wieder die 1. Klasse in der Grundschule besuchen. Zu schwer sollte es jedoch auch nicht sein, denn sonst geben viele von uns auf, bevor sie überhaupt begonnen haben.

Wenn es ein sehr großes Ziel sein sollte, ein so großes Ziel, wie z.B. Elon Musk sich welche setzt, dann ist es hilfreich, es in kleinere Ziele zu unterteilen, und schon erscheint es uns wieder möglich, es zu erreichen. 100 kg Getreide zu essen, das können wir uns nicht vorstellen, jedoch jeden Tag nur 100 Gramm zu essen, das schon.

Außerdem sollte es ein so großes Ziel gemäß deiner Vision sein, dass du es unmöglich zu Lebzeiten erreichen kannst, denn wenn das Spiel erstmal erfolgreich beendet wurde, wird dir sehr schnell langweilig werden und wenn du dir dann nicht sofort ein neues Ziel setzt, kann es passieren, dass du in eine depressive Phase kommst, so wie es oft bei den Promis zu beobachten ist, die plötzlich Selbstmord begehen und dass obwohl sie scheinbar alles haben. Es sollte also immer weitergehen können.

Ich teile dir an dieser Stelle sehr gern meine Vision mit: Es ist die Vision einer harmonischen Welt im Einklang mit der Natur und mit voller Potentialentfaltung eines jeden Individuums im Kollektiv. Dieses Ziel werde ich wohl möglicherweise niemals erreichen können, jedoch werde ich ein Projekt haben, an dem ich mein Leben lang arbeiten und wachsen kann.

Seitdem ich dieser Vision nachgehe, hat sich mein Leben komplett verändert. Ich habe mir neue und genauere Ziele gesetzt, welche mich in dieser Vision unterstützen. Ich habe neue Menschen kennengelernt, welche der gleichen oder einer ähnlichen Vision folgen und ich habe Ideen und Chancen bekommen, welche mich hierbei unterstützen.

Mir ist nie langweilig, denn ständig ergeben sich weitere Puzzleteile, welche ich zum großen Ganzen zusammenstecken kann und darf.

Auch meine Sichtweise auf die Welt hat sich dadurch komplett verändert. Ich habe neue Fähigkeiten entwickelt, und die sich mir stellenden Herausforderungen haben sich der Vision angepasst. Und genau aufgrund dieser Erfahrungen kann ich dir davon erzählen und es dir empfehlen.

Seitdem ich dieser Vision nachgehe, habe ich eine Facebookgruppe gegründet, welcher sich weitere Menschen angeschlossen haben. I ch habe eine Webseite zur Schaffung einer neuen Welt erstellt sowie ein Entwicklungsspiel. Ich durfte viele neue wundervolle Menschen kennenlernen und wurde interviewt. Meine Art zu denken hat sich verändert und ich sehe überall Menschen, welche das Gleiche erreichen wollen wie ich. Ich habe Vorträge gehalten und Kurse gegeben, an anderen großen Projekten mitgewirkt und bin über mich hinausgewachsen.

Es hat sich so vieles verändert und ich genieße jede einzelne Veränderung davon. Denn dieses Projekt hat mein Leben bisher ausschließlich bereichern können und dürfen.

Suche dir also unbedingt ein großes Ziel, eine Vision, und gehe es an, überlege dir genau, was du willst und wie du dahin kommst und dann starte deine Reise. Das meiste wird sich dir unterwegs ergeben und der Weg, welcher dich dort hinführt, wird sich noch oft verändern. Wichtig ist es deshalb, erstmal überhaupt zu wissen, in welche Richtung man will und dann die ersten Schritte in diese Richtung zu gehen. Wie Steve Jobs einst sagte: "Es ist nur möglich die Zusammenhänge zu erkennen, wenn man zurückschaut, jedoch nicht, wenn man nach vorne schaut".

Ich wünsche dir nun viel Spaß und Freude bei deinem ganz eigenen, individuellen Projekt – auf dass du auch eines finden wirst, welches wirklich dein Herzensthema ist. Allein dieses Kapitel ist in der Lage, dein Leben komplett zu verändern und zu verbessern.

Praxis:

1. Überlege dir nun, was du genau in dieser Welt bewirken und wofür du dich einsetzen willst. Hier helfen dir Fragen wie: Was will ich verändern in dieser Welt? Wobei kann ich nicht mehr lange zusehen? Wenn ich alle Möglichkeiten hätte und alle Macht, was würde ich dann tun, was nichts mit meinen ego-bezogenen Wünschen zu tun hat?

2. Überlege danach, wie du diese Vision genau umsetzen oder zumindest starten kannst.

3. Mache den ersten Schritt auf deiner Reise und plane die nächsten Schritte.

4. Ganz wichtig: Bleibe dran, sorge dafür, dass deine Vision stets zurück in dein Bewusstsein kommt. Erstelle ein Hintergrundbild, welches diese Vision visualisiert, hänge es in der Wohnung auf oder speichere es in deinem Kalender ab – Hauptsache, es wird nicht wieder in deinem Alltag untergehen, sondern erhält die Chance, Teil deines Lebens zu werden.

Idee 4 - Sei nie gegen, sondern immer für etwas

Zu dieser Erkenntnis durfte ich leider erst recht spät kommen, ca. 1 Jahr vor Beginn dieses Buches. Doch sie ist so enorm wichtig, denn für etwas zu sein, heißt sich durch die Strömung treiben zu lassen. Während gegen etwas zu sein, dem gegen die Strömung Anschwimmen gleicht. Beide Methoden können zum Ziel führen, jedoch ist es mit der Für-etwas-Methode deutlich einfacher.

Das bekannteste Beispiel ist hier der Esel, welchen man entweder mit der Karotte anlocken kann, ihn also zu etwas hin (ver)führen kann, oder man schiebt ihn und versucht ihn von etwas wegzubekommen. An sich verfolgen beide Methoden das gleiche Ziel, sie wollen den Esel von seiner jetzigen Position hin zu einer neuen Position bringen. Doch die eine ist effektiver als die andere.

Weg von etwas bedeutet also fast immer, jemandem etwas aufzwingen zu wollen, während Hinzu fast immer bedeutet, jemanden durch Neugierde, durch mehr Genuss, Spaß etc. zu etwas hin bewegen zu lassen und somit automatisch von etwas anderem weg.

Will ich also die Menschen von etwas wegbewegen, was sie eigentlich mögen, jedoch nicht sollten, oder besser zu etwas hin, was sie noch viel mehr mögen und gleichzeitig auch sollten?

Gegen etwas zu sein bedeutet immer Druck zu erzeugen, und Druck erzeugt stets nur Gegendruck. Für etwas zu sein nimmt diesen Druck raus und liefert stattdessen eine Anziehung.

Denke gerne darüber nach, probiere es aus und komme zu deinen eigenen Schlussfolgerungen. Für mich persönlich hat es sich nicht nur theoretisch betrachtet, sondern auch erfahrungsgemäß gezeigt, dass ich eher mit der Hinzu-Methode erfolgreich bin, als mit der Weg-von-Methode.

Praxis:

1. Überlege dir nun, was du gerne an einer anderen Person oder in der Welt verändern würdest und überlege dir, wie du dies mit der Hinzu-Methode bewerkstelligen könntest.

2. Mache den Test und versuche, einen Menschen von etwas weg zu bekommen, was er eigentlich mag, indem du dich einfach nur auf das Weg-von konzentrierst und kein Hin-zu anbietest.

3. Mache nun den gleichen Test, versuche es stattdessen ausschließlich mit der Hin-zu-Methode.

Beispiel: Du willst einen Fleischliebhaber dazu bringen, weniger Fleisch zu essen. Im ersten Versuch erzählst du ihm, wie schlecht Fleisch ist, dass es ihn schädigt und der Umwelt schadet.

Im zweiten Versuch zeigst du ihm ein sehr leckeres vegetarisches Gericht oder servierst es ihm.

In welchem der beiden Versuche wird die Person nun auf ihr Fleisch verzichten?

Idee 5 - Fange mit Sport an

Mit Sport fing es bei mir im Leben recht früh an, wobei dies auch Definitionssache sein dürfte. In der Schule war schließlich einmal die Woche Sport Pflicht und der Sportlichste bin ich damals noch nicht wirklich gewesen.

Dies sollte sich jedoch mit dem Tage ändern, an dem ich mich für 2 Jahre im Fitnessstudio angemeldet habe. Seitdem sind nun bereits über 8 Jahre vergangen und ich bin immer noch dabei, wenn auch nicht mehr so viel wie am Anfang.

Der Sport, welchen ich mir ausgesucht hatte, war Bodybuilding und in ihm entdeckte ich auch den ersten Weg, endlich an Gewicht zuzunehmen und meinen Körper zu transformieren. Außerdem bin ich seitdem von Muskeln überzeugt, denn sie sehen nicht nur gut aus, sondern bilden auch einen Panzer um uns, welcher blitzartig bei Gefahr angespannt wird und uns so vor körperlichen Schäden schützt. Außerdem haben Sportler mehr Blut, was im Notfall auch sehr nützlich sein dürfte.

Aber das ist noch nicht alles: Auch unsere Gehirnleistung profitiert hiervon, unser Kreislauf funktioniert besser und das Risiko vieler Zivilisationskrankheiten sinkt.

Vor allem baun wir durch Sport auch Stress ab, welcher uns ansonsten schaden bzw. in unserer Leistungsfähigkeit bremsen würde.

Du siehst also, es gibt eine ganze Menge, was für Sport spricht. Es entspricht einfach unserer Natur, uns viel zu bewegen und es stärkt sowohl unseren Charakter als auch unsere allgemeine Entwicklung.

Aktuell reichen mir täglich ca. 15-20 Minuten Training plus 10 Minuten Dehnen. Es muss also noch nicht mal viel Zeit eingesetzt werden. Selbst mit lediglich 12 Minuten Training pro Woche kannst du beachtliche Veränderungen erzeugen.

Vor kurzem musste ich eine einwöchige Pause machen und seitdem ich nun wieder Sport treibe, geht es mir einfach besser, ich bin besser gelaunt, meine Schlafqualität ist gestiegen, sowie meine Gehirnleistung, und vor allem habe ich einfach mehr Energie am Tag zur Verfügung.

Aktuell besteht mein tägliches Sportprogramm aus folgenden 5 Übungen, welche ich zu Hause machen kann:

- 10x Klimmzüge im Parallelgriff,
- 30 Liegestütze mit perfekter Ausführung,
- 5 Handstand-Liegestütze an der Wand,
- 1 Minute Planke in der Liegestützposition
- und 20 x einbeinige Kniebeugen je Seite.

Außerdem mache ich 4 Minuten Tabata, also hochintensives Intervalltraining für meinen Kreislauf, hier nutze ich nachfolgende 4 Übungen:

- Burpees,
- Highjumps,
- Highclimbers mit beiden Beinen gleichzeitig
- und Ausfallschritte im Wechsel.

Tabata dauert lediglich 4 Minuten, doch diese 4 Minuten haben es echt in sich, da es darum geht, eine Übung so schnell wie möglich zu machen und das stets in einem 20/10 Rhythmus. Das heißt 20 Sekunden eine Übung ausführen und 10 Sekunden Pause, somit mache ich dann jede Übung 2-mal.

Wenn du nun Lust auf ein Training zu Hause bekommen hast, kann ich dir zum Anfang folgende Übungen empfehlen:

- Wandsitzen

- Klimmzüge, isometrische (nur halten)

- Liegestütze

- Planke

Wenn dir zunächst eine Übung reicht, dann fange am besten mit Planke an und steigere dich nach und nach. Jeder Anfang ist schwer, und gleich 5 neue Übungen in dein Leben zu lassen, kann manchmal etwas Überwindung kosten. Jedoch mit einer Übung unter 2 Minuten zu starten, das schafft jeder und wenn du danach Lust auf mehr hast, dann mach mehr, mach einfach die nächste Übung, Hauptsache du fängst irgendwie an.

Ich kann dir eins schon mal garantieren, Sport wird auch dein Leben bereichern - ich selbst habe ihm sehr vieles zu verdanken.

Praxis:

1. Mache nun 2 Minuten Planke, solltest du nur 1 Minute schaffen, dann mach nach einer Pause die restliche Minute.

2. Wenn du dich gut fühlst, dann mach danach direkt die nächste Übung aus diesem Kapitel.

3. Extra: Vereinbare ein Probetraining in einem Fitnessstudio oder Sportverein.

4. Noch besser: Nimm dir vor, wenigstens für 2 Wochen einem Sport nachzugehen, welcher dir Spaß machen könnte; wie wäre es z.B. mit Badminton?

Idee 6 - Passe dein Umfeld an dich an und bilde ein Netzwerk

Es gibt viele Menschen, welche mit irgendwelchen Menschen befreundet sind und mit ihnen die Zeit verbringen, einfach weil sie da sind und sich das so ergeben hat. Das kann fatal sein, denn wenn diese Menschen nicht zu deinen Zielen passen, ist es fast so, als hättest du dir selbst ein paar Bremsen angelegt. Teilweise kann es sogar unmöglich sein, mit diesen Menschen im Umfeld deine Ziele zu erreichen.

Auch ich musste diesen Umstand leider irgendwann einsehen, denn zu groß ist einfach der Einfluss des Umfelds auf dich. Solange du z. B. mit unsportlichen Menschen rumhängst, welche dich immer wieder motivieren wollen, den Sport sein zu lassen oder dich mit irgendwelchem Fastfood verführen, solange wird es dir auch schwerfallen, mal ein Sportstar zu werden.

Wenn hingegen dein Umfeld genau zu deinen Zielen passt, dann wird es einem Rückenwind gleichen.

Und zu deinem Umfeld gehört bei weitem nicht nur dein Freundeskreis, sondern alles, was dich umgibt. Sowohl die Adresse, an der du wohnst, wie auch deine Fahrtwege, dein Zuhause, deine Arbeit und dein Input, bestehend aus den Büchern, Serien, Filmen, Spielen etc., welche du täglich konsumierst.

Wie du siehst, ist es ist eine ganze Menge, was dich so beeinflusst. Solltest du also bisher Schwierigkeiten gehabt haben, ein Ziel zu erreichen, könnte hier die mögliche Ursache zu finden sein. Willst du z. B. eine Strandfigur haben, dann wird dir dies sehr schwerfallen, solange du dich mit Menschen umgibst, welche sich durch dieses Ziel angegriffen fühlen und es dir schwer machen. Oder solange du in einem Fastfoodrestaurant arbeitest, täglich am Bäcker vorbeifährst, zu Hause einen Schrank voller Süßigkeiten und Chips hast und dir Shows anschaust, wo Menschen zu sehen sind, welche genau das Gegenteil von dem tun, was du tun müsstest, um dein Ziel schnellstmöglich zu erreichen.

Der einfachste und radikalste Weg ist daher immer, in eine andere Stadt zu ziehen.

Das ist nämlich das, was ich getan habe, als ich erkannte, dass es dort, wo ich herkomme, einfach zu wenig Menschen mit den gleichen Zielen, zu wenig Möglichkeiten weiter zu wachsen und zu wenig Gelegenheiten gab, um die entsprechenden Hobbys auszuführen.

Und ich muss sagen, ich habe es bis heute nie bereut, nach Hamburg gezogen zu sein. Denn hier kannte mich niemand und ich konnte wieder von vorn anfangen. Wenn ich jetzt nach 3 Jahren zurückblicke, sehe ich, dass ich mich enorm weiterentwickeln, Jobs nachgehen, welche mir Spaß machen und mir ein Netzwerk sowie Freundeskreis aufbauen durfte, welche mit meinen Zielen und meiner Lebenseinstellung im Einklang sind. Denn all diese Menschen hätte ich nie treffen, all diese Jobs nie machen können, weil es diese da, wo ich herkomme, einfach nicht gab.

Solange du in deinem alten Umfeld lebst, wirst du auch in deiner alten Rolle gefangen bleiben - nur was ist, wenn diese Rolle nicht mehr zu deinen aktuellen Einsichten und Zielen passt?

Stell dir dein Leben als Theaterstück vor. Solange wir immer wieder auf der gleichen Bühne auftreten, solange werden wir auch nie eine neue Rolle spielen können.

Vielleicht mag das hart klingen, weil du irgendwo fühlst, dass es stimmt, dir jedoch wünschst, dass es nicht so wäre. Denn hiermit ist eine Menge Aufwand und ein großer Schritt raus aus der Komfortzone verbunden.

Ich kann dir jedoch zumindest aus meiner eigenen Erfahrung sagen, dass es sich für mich als wahr herausgestellt hat und es lange gedauert hat, dies zu akzeptieren.

Praxis:

1. Hinterfrage nun einmal dein Umfeld und überlege dir, ob es dich in deinen Zielen unterstützt oder eher bremst.

2. Überlege dir, wie du dein Umfeld in ein unterstützendes Umfeld verwandeln kannst und entwerfe hierfür einen Plan.

3. Setze diesen Plan um.

Beispiel:

Menschen, welche die gleichen Ziele wie du verfolgen und zielorientiert sind, stellen ein unterstützendes Umfeld dar. Gehe dorthin, wo du diese Menschen antriffst und freunde dich mit einigen von ihnen an bzw. verabrede dich mit ihnen.

Idee 7 - Sei stets offen gegenüber neuen Informationen

Offen gegenüber Neuem zu sein, heißt sich nicht zu verschließen, denn wenn wir uns verschließen, passiert es leider zu gerne, dass wir eine Menge verpassen und dadurch stehen bleiben.

Ich habe an mir selbst gemerkt, dass bereits vorhandene Sichtweisen, welche sich durch unseren Input gebildet haben, uns blockieren. Das Perplexe daran ist jedoch, dass diese Informationen, welche uns nun blockieren, früher selbst einmal neue Informationen gewesen sind.

Ich vergleiche dies gerne mit zwei Wegen: Wenn wir uns dazu entscheiden, nur Wege aus Pflastersteinen zu gehen, dann begrenzen wir uns. Und sollte nun mal ein gepflasterter Weg durch einen Sandweg unterbrochen sein, dann verschließen wir uns sogar vor Informationen, welche wir eigentlich zugelassen hätten, zu denen wir jedoch nicht gelangen können, da ein kurzweiliges Gehen auf dem Sandweg dazu notwendig wäre.

Bei neuen Informationen ist es das Gleiche. Was ist, wenn wir erst dadurch zu neuen Informationen, welche wir akzeptieren würden, kommen, indem wir kurzweilig Informationen zulassen, welche wir eigentlich nicht akzeptieren könnten?

Ich kann dir eines verraten: Seitdem ich alle Informationen zulasse und aufgehört habe sie zu werten, kommen mir viel mehr und bessere Ideen und seitdem habe ich auch viel mehr Anknüpfungspunkte zum Speichern weiterer Informationen.

Ich habe also damit aufgehört, mich selbst zu begrenzen und darf nun alle Informationen an mich heranlassen. Ein wahrer Schatz, wenn du mich fragst, denn letztendlich kann ich mich immer noch entscheiden, welche Informationen ich gebrauche und welche nicht, doch ich brauche mich nicht mehr einschränken.

Es ist fast so als hätte ich plötzlich Zugriff auf eine ganze Bibliothek, statt nur auf ein Bücherregal im Genre X. Und genau das Gleiche wünsche ich dir auch, denn es wird dein Leben bereichern.

Praxis:

1. Suche dir 3 Themen aus, welche du bisher immer abgelehnt hast und schaue zu jedem Thema jeweils 2-3 Videos auf YouTube. Hierdurch wirst du ein größeres Wissensnetz bekommen, an welchem noch mehr Wissen anknüpfen kann, schaltest einige Filter aus und findest vielleicht sogar den fehlenden Schlüssel, der dir bisher verborgen blieb.

Beispiel: Für mich war es anfangs sehr schwer, das Buch "Wir fressen uns zu Tode" von Galina Schatalova zu lesen, da es allem widersprach, was ich in den letzten Jahren gelernt hatte. Heute bin ich jedoch froh, es irgendwann doch geschafft zu haben und es durfte mir eine neue Sichtweise auf die Dinge geben. Und dass, obwohl ich es anfangs nahezu abgelehnt habe und eine starke Blockade spürte, darin zu lesen.

Ein weiteres Problem war bei mir das Thema Religion und Gott. Hätten es mir nicht so viele Menschen empfohlen, hätte ich wahrscheinlich nie den Band "Gespräche mit Gott" von Neale Donald Walsch gelesen, da ich hier irgendetwas kirchliches oder klassisch-religiöses vermutet hätte, womit ich jedoch noch nie etwas anfangen konnte. Heute bin ich so unglaublich dankbar, dass ich es mir schließlich doch angehört und gelesen habe, da es mir so tiefgründiges und kostbares Wissen vermittelte, welches mein Leben unbeschreiblich bereichern durfte.

Idee 8 - Gib deinem Körper, was er braucht

Dein Körper ist unglaublich komplex. Alles, wessen wir ihn aussetzen, schränkt ihn ein oder bestärkt ihn, hat also Einfluss auf diesen.

Allein unsere Atmung kann zum Beispiel darüber entscheiden, ob wir entspannt sind oder nicht, und dies können wir sogar bewusst steuern.

Da unsere Atmung uns ein Leben lang begleiten wird - denn was mit dem ersten Atemzug begonnen hat, wird mit dem letzten Atemzug enden - ist es entscheidend, welche Qualität die Luft aufweist, welche wir einatmen. Setzen wir uns zum Beispiel sogar ganz bewusst schlechter Luft aus, indem wir einen Raucherraum betreten oder gar selbst Rauchen?

Man sagt, je weniger wir pro Minute atmen müssen, desto gesünder sind wir auch. Auch entscheidend ist hier, wie wir atmen, denn unsere Atemtechnik entscheidet darüber, wie viel Potential unserer Lunge wir nutzen.

Aber nicht nur Luft ist das, was unser Körper braucht, das zweitwichtigste ist hier Wasser. Hier ist entscheidend, welche Qualität dieses aufweist und was in diesem alles enthalten ist.

Zum Beispiel sind im Wasser aus Plastikflaschen östrogenähnliche Substanzen enthalten, welche direkten Einfluss auf uns nehmen. Außerdem können im Leitungswasser Schwermetalle sein, wenn zum Beispiel unsere Leitungen schon älter sind.

Genauso entscheidend ist auch die Menge, welche wir trinken und wie wir diese über den Tag verteilen. Im Optimalfall sollten es hier 2 Liter sein + 1 Liter/Stunde Sport. Entscheidend bei der Menge ist jedoch auch die Qualität des Wassers, sowie die Qualität der Nahrung und unseres Lebensstils. Denn Wasser wird auch zur Entgiftung verwendet, sowie zur Ausleitung von überschüssigen Proteinen.

Je mehr wir also unserem Körper von dem geben, was er braucht und weniger von dem, was er nicht braucht, desto weniger Luft, Wasser und Schlaf benötigt er.

Damit wären wir beim nächsten wichtigen Punkt, dem Schlaf: denn neben Luft und Wasser benötigt unser Körper auch vor allem Ruhe; und je besser unsere Schlafqualität ist und je entspannter wir den Tag durchstreifen, desto weniger Schlaf benötigen wir.

Zum Beispiel kann das Aktivieren eines Blaulichtfilters auf allen Bildschirmen bzw. das Tragen einer solchen Brille uns viel schneller einschlafen und erholt aufwachen lassen. Denn dieses Licht sagt unserem Körper, dass es noch Tag ist, wodurch er wach machende Hormone ausschüttet, welche uns dann wiederum daran hindern, schnell einzuschlafen.

Auch seinen Körper vorher in einen entspannten Zustand zu bringen, kann helfen. Ich gehe dazu jedes Körperteil durch und stelle mir vor, wie es sich entspannt und schwerer wird und das solange, bis ich meinen ganzen Körper durchhabe.

Außerdem ist die Uhrzeit, zu der wir schlafen gehen entscheidend. Am optimalsten gehen wir vor 24 Uhr ins Bett und es heißt auch, dass jede Stunde vor Mitternacht so erholend wie 2h nach Mitternacht sein sollen. Zudem ist mir aufgefallen, dass man den ganzen Tag über am wachsten ist, wenn man vor 6 Uhr aufsteht und auch keine Schlummerchen mehr zulässt.

Zu oft durfte ich diesem Irrglauben zum Opfer fallen, dass ich durch noch weitere 20 Minuten oder weniger, hinterher ausgeruhter bin, als wenn ich es nicht tue, und jedes Mal hatte sich dies als unwahr herausgestellt.

Seien wir doch mal ehrlich, das Schwierigste morgens ist, einfach nur aufzustehen. Sobald man erstmal steht, ist es gar nicht mehr so schwer, oder?

Und genau hierfür gibt es Abhilfe zum Beispiel in Form von Fotoweckern. Diese kannst du nämlich nur ausschalten, indem du das eingestellte Foto nochmal fotografierst bzw. einen festgelegten Barcode einscannst. Dieser befindet sich idealerweise nicht in Reichweite, sondern zum Beispiel in deinem Badezimmer, du wirst also aufstehen müssen, um den Wecker nicht länger ertragen zu müssen.

Zusätzlich hat es mir früher geholfen, mir Naturgeräusche, geführte Meditationen, Hypnosen oder Deltawellen anzuhören, um noch schneller einzuschlafen. Ganz wichtig jedoch: Schalte dein Internet abends aus, damit du nicht in Versuchung gerätst, immer wieder auf dein Handy zu schauen.

Deinem Körper das zu geben, was er braucht, schließt natürlich die Ernährung und Bewegung mit ein. Achte also ebenfalls darauf, dich regelmäßig zu bewegen, denn was rastet, das rostet.

Dein Körper wurde dazu geschaffen, sich viel zu bewegen, erfülle dies so oft wie es dir nur möglich ist.

Beim Punkt Ernährung ist es leichter als du denkst. Um dir das zu veranschaulichen, nehme ich meine Essgewohnheiten als Beispiel:

Einmal in der Woche mache ich mir für gewöhnlich einen Aufstrich selbst, welchen ich dann fortan fürs Brot, als Soße oder als Dip nutzen kann. In der Regel kommen hier Hülsenfrüchte/Kerne, sowie Gemüse als Basis in den Mixer, dann noch etwas Leinöl (sehr reich an Omega-3-Fettsäuren für ein gutes Gehirn und Herz), etwas Moringa (sehr nährstoffhaltig und reich an lebensnotwendigen Vitaminen und Mineralien) und Gewürze, sowie Kräuter für den Geschmack.

Heute habe ich mir z.B. eine Abwandlung von Hummus selbst zubereitet. Hierzu mixte ich einfach 2 Dosen Kichererbsen (ohne Flüssigkeit) mit 500g gekochten Biokarotten, 30ml Leinöl, 50g Moringa, 1-2 EL Tahin (Sesammus), etwas Chili, Knoblauch, Basilikum, Paprikapulver, Salz und einen Schuss Apfelessig zusammen.

An anderen Tagen mache ich mir eine Paste, welche ich ebenfalls wie diesen Hummus nutze, aus rohen Pilzen, eingeweichten Sonnenblumenkernen, 2 kleinen Tomaten, etwas Lauch, Leinöl, Moringa und Salz.

Oder ich mache mir ein Sprossenbrot aus gekeimten Buchweizen, Flohsamenschalen, Moringa, Salz und eingeweichten Sonnenblumenkernen, welchen ich dann in Reispapier einwickle oder als Fladen trocknen lasse.

Meinen Tag ergänze ich dann noch des Öfteren mit Trockenfrüchten wie Datteln oder Feigen, unterwegs dann mal exotisches Studentenfutter oder Energiebällchen (Trockenfrüchte + Nüsse + Schokolade/Zitronenschale, etc. püriert und als Bällchen geformt) oder einen Smoothie, welchen ich ganz einfach aus Früchten + Kokosmilch und Blattgrün in einem Mixer püriere.

Richtig lecker finde ich auch einen Brotaufstrich aus Agavendicksaft und Kokosmus in einem Verhältnis von 1:1. Das Brot mache ich mir in der Regel selbst oder nutze Knäckebrot.

Dann gibt es auch mal frisches Obst und abends in der Regel Eier auf Brot bzw. Haferwaffeln (130g Haferflocken + 3 Eier + Gewürze, in der Pfanne gebraten).

Wenn ich mal Müsli esse, dann mixe ich mir gemahlene Nüsse mit Früchtemüsli, einen Apfel und Saft bzw. Pflanzendrink zusammen. Als Ergänzung snacke ich gern Chlorella-Presslinge. Und wenn ich Appetit darauf habe, gönne ich mir Sesammus mit Zuckerrübensirup/Honig.

Pilze esse ich auch gerne mal roh mit Hummus als Dip.

Auch empfehlen kann ich hier Haferriegel, bestehend aus 125g Haferflocken, 60g Weizenkeimen,63g Butter/Kokosfett, 1 Banane und je nach Geschmack noch weiteren Früchten. Im Mixer gegeben, auf einem Teller glattgestrichen und in Riegelform geschnitten.

So schaffe ich es, mich sehr nährstoffhaltig zu ernähren. Außerdem versuche ich weitgehend, nur noch dann zu essen, wenn ich wirklich Hunger verspüre, was jedoch leider nicht immer klappt…

Für die Mineralstoffe mische ich dann noch öfter Sango-Korallen-Pulver in mein Essen bzw. Trinken.

Praxis:

1. Finde heraus, wie oft du pro Minute atmen musst und nimm dir vor, zukünftig weniger Atemzüge zu benötigen, indem du dir täglich 5 Minuten gönnst, in denen du bewusst tief ein- und ausatmest.

2. Erkundige dich über deine Rohrleitungen Zuhause und steige, falls notwendig, auf Quellwasser aus Glasflaschen um. Oder nutze fortan einen Wasserfilter.

3. Optimiere deinen Schlaf, indem du einen Blaulichtfilter auf dein Handy lädst und diesen so einstellst, dass sich dieser automatisch 1 Stunde vor deiner Ziel-Schlafengehenszeit einschaltet. Schalte 30 Minuten vor dem Schlafengehen, besser noch 1 Stunde vorher den Flugmodus ein und lies ein Buch oder höre dir eine geführte Meditation/Hypnose oder ein Hörspiel oder Deltawellen an. Installiere zusätzlich einen Fotowecker und stelle ihn so ein, dass du morgens nach dem ersten Klingeln direkt aufstehen musst.

Tipp: Suche dir einen für dich angenehmen Geruch aus, welchen du immer dann riechst, wenn du müde bist bzw. kurz vor deiner Schlafenszeit, so konditionierst du deinen Körper darauf, müde zu werden, sobald du diesen Geruch riechst. Zu empfehlen sind dabei Gerüche, die sowieso entspannend wirken, wie Lavendel. Ob du Lavendel als Duftkerze, Badezusatz oder Kissenfüllung verwendest, bleibt dir überlassen.

4. Füge deinem Tag wenigstens eine nährstoffhaltige Mahlzeit oder ein nährstoffhaltiges Lebensmittel hinzu. Praktisch ist es, in Breien oder Smoothies zusätzlich noch Moringa und Leinöl beizugeben.

Idee 9 – Erhöhe deinen Serotoninspiegel

Bestimmt hast du auch schon mal von dem Glückshormon Serotonin gehört, dass es z.B. in Schokolade zu finden ist und uns Schokolade deshalb glücklich macht. Dem ist leider nicht ganz so, denn in Schokolade ist wohl welches vorhanden, jedoch das Problem ist, dass dieses unsere Blut-Hirnschranke nicht überwinden kann. Beim Serotonin ist der einfachste und mir bekannte Weg, seinem Körper die Bausteine zu geben, welche er benötigt, um selbst Serotonin zu produzieren und natürlich zusätzlich noch von außen Methoden für mehr Glücklichsein anzuwenden.

Widmen wir uns deshalb nun zuerst den Bausteinen, welche notwendig sind, damit wir selbst Serotonin bilden können. Solltest du einen Mangel an einem dieser Bausteine haben, ist es deinem Körper auch nicht möglich, sein volles Potenzial an Glücklichsein auszuschöpfen.

Benötigt wird:

- L-Tryptophan (eine essentielle Aminosäure = Eiweißbestandteil)
- Vitamin B3 und Vitamin B6
- Magnesium
- Zink

Und so wird es gebildet:

Aus L-Tryptophan wird nun in zwei Schritten Serotonin gebildet. L-Tryptophan wird zunächst mit Hilfe von Enzymen zu 5-Hydroxy-Tryptophan (5-HTP) umgewandelt. Dazu werden u. a. die Vitamine B3 und B6 sowie Magnesium benötigt. 5-HTP wird anschließend mit Hilfe von Vitamin B6 zu Serotonin weiterverarbeitet. Diesen Schritt übernimmt das Enzym Hydroxy-Tryptophan-Decarboxylase, dass jedoch erst vom Spurenelement Zink aktiviert werden muss.

Tryptophan befindet sich ganz viel in Reisprotein und Weizenkeimen, aber auch in Haferflocken sowie in Rindfleisch. Aber genauso gut in Soja, Käse und Eiern.

Vitamin B3 - Niacin finden wir wiederum in:

- Leber
- Meeresfrüchten, sowie Fisch
- Sonnenblumenkernen
- Sesam
- Erdnüssen
- Bierhefe

Vitamin B6 in:

- Bananen
- Walnüssen
- Sardinen
- Lachs
- Sojabohnen
- Weizenkeimen
- Bierhefe

Zink in:

- Haferflocken
- Austern
- Sonnenblumenkernen
- Emmentaler Käse
- Paranüssen
- Linsen
- Mais
- Altem Gouda

Auch gibt es die Möglichkeit, 5HTP als Nahrungsergänzungsmittel zu konsumieren und dadurch am nächsten Tag wesentlich mehr Glücklichsein zu erfahren, sofern die anderen Bausteine natürlich stets im ausreichenden Maße vorhanden sind.

Wie sieht aber nun so eine Mahlzeit aus?

Frühstücksbrei:

- Haferflocken
- Banane
- Weizenkeime
- Wasser/Saft/Milch

Zusätzlich wird mehr Serotonin gebildet, indem wir uns den Sonnenstrahlen aussetzen, durch Berührungen, Entspannung, aber auch nach einem Training.

Erhöhe deinen Spiegel an Glückshormonen und du fühlst dich einfach besser. Und wieder sehen wir es, gesundes Essen macht glücklich. Genauso wie ein gesunder Lifestyle (viel Draußen sein, glückliche Partnerschaft, Sport). Sollte Sonne bei dir zurzeit nicht möglich sein, ergänze deine Nahrung mit hochdosiertem Vitamin D3 (https://amzn.to/2K5bpwt), auch hier durfte ich bisher stets einen Unterschied und eine Wirkung bemerken.

Zusätzlich will ich nun, wie am Anfang dieses Kapitels bereits angekündigt, dir noch weitere Maßnahmen zum Glücklichsein verraten.

Das Journal/Album der guten Laune:

Hier nutzte ich persönlich Trello, was als Webseite oder App nutzbar ist. Ich füge hier alles ein, was auf irgendeine Weise für gute Laune sorgen konnte. Immer, wenn ich nun glücklich sein bzw. lachen will, schaue ich dort einfach nur noch hinein. Allein schon beim Erstellen dieses Albums wirst du ein sehr hohes Maß an Glücklichsein und Spaß erfahren dürfen.

Bei mir finden sich hier:

- Musik (Songs, die sofort bei mir zu guter Laune führen): Finden kannst du solche Songs auch oft, indem du bei YouTube speziell mit dem Suchbegriff "Gute Laune Musik/Playlist" suchst.
- Erinnerungen: Schreibe hier alle deine Erinnerungen, in denen du richtig gut gelaunt gewesen warst auf.
- Beschäftigungen: Hier schrieb ich Tätigkeiten auf, welche bei mir zu guter Laune führten, wie ein Dankbarkeitsjournal erstellen, Karaoke, Tanzen, 1 Minute lächeln, Körpersprache ändern, einfach lachen, kalt duschen, einen perfekten Tag planen, etc.
- Menschen: Hier schrieb ich alle Menschen auf, mit denen ich stets eine gute Zeit genießen durfte. Allein dadurch werden schon die entsprechenden Erinnerungen geweckt und vielleicht fällt dir dadurch auch eine Person ein, mit der du dich mal wieder verabreden möchtest.
- Ernährung: Alle Lebensmittel, die bei mir zu guter Laune führten, schrieb ich hier rein. Sprich, mein Lieblingsessen wie Datteln, aber auch Lebensmittel, welche die Fähigkeit haben, glücklich zu machen,

wie Kakaonibs mit Datteln, magnesiumhaltige, tryptophanhaltige, zinkhaltige, Vitamin B6-haltige Lebensmittel.

- Fragen: Wer fragt, der führt und so ermöglichen diese Fragen mich, zu den entsprechenden Antworten bzw. Erinnerungen zu gelangen. Fragen wie: Wann war ich das letzte Mal so richtig entspannt? Wofür bin ich dankbar bzw. könnte dankbar sein? Worüber könnte ich glücklich sein, wenn ich es wollte? Worauf bin ich besonders stolz bzw. könnte ich stolz sein? Was mache ich gerne?

- Wörter: Auch Wörter haben eine Wirkung auf uns. Worte wie: Vergnügen, Freude, Reichtum, Erfolg, Geschenk, Überraschung, Liebe, Schönheit, Genießen, Freundschaft, Freizeit, Urlaub, Spaß, Sonnenschein, Großartig, Glücklichsein, Freue mich, Vergnügt, Dankeschön, etc.
- Affirmationen und Mantras: Affirmationen sind einfach Sätze, die stetig wiederholt werden, genauso wie Mantras, bloß dass Mantras nicht nur täglich, sondern in kürzerer Zeit stets wiederholt werden. Ein Beispiel für eine Affirmation könnte "Alle Menschen gehören zu meiner großen Familie" oder "Ich bin ein Gewinner und Schöpfer" sein. Werden diese nun nur täglich einmal gesprochen, ist es eine Affirmation, aber wird ein solcher Satz z.B. 10 Minuten ständig wiederholt, ist dies ein Mantra.
- Lustiges: Hier kam bei mir alles hinein, worüber ich mal lachen musste, wie Videos oder Filme.
- Witze: alle Witze, über die ich schon mal lachen musste.
- Gefühle: Alle Gefühle, die, wenn ich sie erfuhr, zur guter Laune führten wie z.B. die Sonne auf meiner Haut scheinen fühlen, glücklich sein; das Gefühl, ich

könnte Bäume ausreißen, voller Energie sein; das Gefühl, stark zu sein, das Gefühl bei einer Umarmung, Liebe, das Gefühl wenn man jemand lang ersehntes wiedersieht, ein Geschenk bekommen, mein Lieblingslied läuft gerade, ich bekomme den Drang zu tanzen, usw.

Erstelle dir nun auch eine solche Sammelstelle und sie wird mit den Jahren immer größer werden, dich dein Leben lang begleiten und immer wieder für gute Laune sorgen können.

Wie du anhand dieses Boards gesehen hast, gibt es auch Möglichkeiten, wie die richtigen Fragen zu stellen, um gute Laune zu bekommen. Nun wünsche ich dir viel Spaß mit diesen Werkzeugen, mit denen du immer, wann du willst, dich in gute Laune versetzen kannst.

Praxis:

1. Optimiere deine Ernährung, sodass dein Körper alle notwendigen Bausteine erhält, um selbst Serotonin zu bilden.

2. Erstelle dir auch solch ein Board wie oben beschrieben und fülle es mit Inhalten.

3. Nimm dir einmal in der Woche etwas vor, worauf du dich die ganze Woche über freuen kannst.

Idee 10 - Gib etwas zurück

Wie oft passiert es, dass wir etwas haben wollen, jedoch nur dann bekommen können, wenn jemand uns etwas gibt. Das bedeutet: Ohne jemanden, der etwas gibt, können wir auch nicht empfangen. So ist das Spiel von Geben und Nehmen. Und oft ist es so, dass wir erst etwas geben müssen, bevor wir etwas bekommen.

Wir bekommen zum Beispiel erst Feuer, wenn wir Brennmaterial und die erforderliche Hitze haben, und erst dann Nahrung, nachdem wir etwas gesät haben oder die Natur die Bedingungen dafür gestellt hat.

Wie sollten wir auch erwarten, etwas zu bekommen, wenn niemand bereit wäre, den ersten Schritt zu machen. Außerdem sagst du mit dem Geben aus, dass du etwas im Überfluss dahast, und so wirst du auch genau diesen Überfluss anziehen.

Und dabei braucht sich Geben noch nicht einmal auf Geld beschränken, sondern kann auch in Form von Liebe, wie z.B. Wertschätzung, Berührungen, Komplimenten oder in Form von Wissen oder körperlicher und seelischer Unterstützung stattfinden.

Wir brauchen also nicht unbedingt Geld übrighaben, um anderen etwas geben zu können. Manchmal kann eine gemeinsam verbrachte Stunde für eine Person wesentlich wertvoller sein als 50€. Probiere es am besten gleich mal aus und gebe, wo du nur kannst. Und du wirst vieles in deinem Leben dafür kommen sehen. Auch finde ich es immer wieder interessant, wenn zu jedem Treffen ein kleines Geschenk mitgebracht wird, einfach nur als Aufmerksamkeit und Wertschätzung der Person. Denn jeder freut sich über Geschenke, und oft bekommst du dafür etwas viel Größeres bzw. Wertvolleres zurück, mindestens jedoch ein gutes Gefühl beim Überreichen deines Geschenks.

Praxis:

1. Überlege dir, wie du anderen etwas geben kannst und dich dadurch sehr wertvoll machen kannst.

2. Verteile heute 5 ernstgemeinte Komplimente.

3. Mache einem Menschen ohne Grund ein Geschenk, am besten dann, wenn es nicht erwartet wird, also außerhalb von Feiertagen und Geburtstagen.

Idee 11 - Setze dich für etwas ein

Ich kann sicher nicht für alle Menschen sprechen, doch die meisten, denen ich begegnet bin, durften ebenso wie ich die Erfahrung machen, dass es etwas sehr Erfüllendes ist, wenn man sich für höhere Ziele einsetzt. Gemeint ist etwas, was man gerne geändert haben will, was aktuell nicht so ganz richtig läuft oder wo Hilfe benötigt wird.

Dies kann z.B. die Natur sein, unterdrückte und benachteiligte Menschen oder eine Lebensvision.

Ich zum Beispiel habe mich dazu entschieden, mich für eine Welt in Harmonie, in Verbundenheit mit der Natur, in welcher Fortschritt und Potenzialentfaltung für jeden möglich ist, einzusetzen. In der die volle Potenzialentfaltung eines jeden Individuums im Kollektiv gefördert wird – ohne Kapitalismus.

Dazu schreibe ich Bücher wie dieses hier, halte Vorträge oder Kurse, kreiere ein Spiel, arbeite immer weiter an einer Webseite, gebe meine Ideen wo es nur geht hinzu, tausche mich mit anderen Menschen aus, bin anderen ein Vorbild, stelle kritische Fragen, welche zum Nachdenken anregen, gehe auf Demos, spende Geld oder setze mich auf eine andere Art und Weise für diese größere Lebensvision ein.

Sobald man diesen Weg geht, verändert und fügt sich plötzlich alles. Die richtigen und passenden Menschen treten in dein Leben ein, welche dich dabei unterstützen, du kommst auf neue Ideen, erhältst Geld und Mittel aus unvorhergesehenen Quellen, fühlst dich besser und glücklicher, genießt die Erfahrung und Reise, welche sich dadurch ergeben wird, und wächst stetig immer weiter.

Vielleicht magst du die Gemeinsamkeit zwischen dieser Idee und der einer Vision bemerkt haben und doch sind sie verschieden. Denn bei einer Vision geht es um die ganz große Lebensaufgabe, welche man wahrscheinlich sogar nie erreichen kann, weil sie so groß ist. Einsatz zu zeigen kann wiederum auch mal von kurzer Dauer sein und stellt eher die Aufgaben, welche sich beim Ansteuern der Vision ergeben, dar.

Praxis:

1. Überlege dir, wofür du dich einsetzen willst.

2. Mache schon mal den ersten Schritt, welcher eine Veränderung zum Positiven verursachen darf.

Idee 12 - Gib dich nicht mit der besten Option zufrieden

Wenn wir immer nur das annehmen, was das Leben uns gerade zuwirft, dann verschließen wir uns gleichzeitig auch besseren Chancen. Wichtig ist, sich nicht immer gleich mit dem zufrieden zu geben, was man gerade so bekommt, sondern wichtig ist, erst einmal genau zu definieren, was man eigentlich wirklich will. Und dann sollte man sich nicht mit weniger zufrieden geben, bis sich das, was man will, auch ergibt. Wie oft gehen wir zum Beispiel in ein Bekleidungsgeschäft und kaufen etwas, das in den seltensten Fällen wirklich dem entspricht, was man zu 100% wollte und will. Stattdessen ist es meistens einfach nur ein Kompromiss aus den vorhandenen Optionen.

Wenn du dich jedoch immer nur mit der nächstbesten Option zufriedengibst, dann wird dir das Leben auch stets nur immer das Zweitbeste geben. Zum Beispiel könnten wir bei Kleidung auch einfach zu einem Schneider gehen oder, wie bei anderen Sachen, einfach die Augen weiter offenhalten.

Praxis:

1. Formuliere dir einmal, was du wirklich willst.

2. Begib dich auf die Suche und entscheide dich erst für etwas, wenn es genau das ist, was du willst – ansonsten setze die Suche weiter fort.

3. Überlege dir, wo du mal in einer Situation warst, in der du dich nur für die nächstbeste Option entschieden hattest. Wie fühltest du dich danach und nach einigen Tagen mit dieser Entscheidung?

Tipp: Wenn du dich gerade nicht an eine solche Situation erinnern kannst, dann schaffe dir eine im Geiste und tu so, als ob du gerade solch eine Erfahrung gemacht hättest.

Idee 13 - Schreibe über dich selbst

An dieser Stelle wird vielleicht der eine oder andere sagen: Warum sollte ich über mich selbst schreiben, so interessant bin ich nun auch wieder nicht? Jedoch hat jeder Mensch eine Geschichte zu erzählen und ist auf seine Art und Weise einzigartig.

Wenn du anfängst, ein Erfolgsjournal zu schreiben (was ich besonders empfehle), hat das zum Ergebnis, dass dein Fokus sich augenblicklich auf das lenkt, was du willst, und dadurch gleichzeitig wegbringt von dem, was du nicht willst.

Gerade durch diesen Fokuswechsel wirst du mehr Situationen erleben, welche du als Erfolg in deinem Erfolgsjournal vermerken kannst. In meinen Augen ist übrigens alles, was mich gefreut hat oder auf irgendeiner Weise weitergebracht hat, ein Erfolg.

Am besten legst du hierzu einfach eine Uhrzeit fest, zu der du stets deine Erfolge aufschreibst. Bei mir durfte sich durch das Erfolgsjournal z.B. vor allem verändern, dass ich selbstbewusster wurde und allgemein den Tag bewusster erlebe.

Außerdem habe ich hierdurch die Möglichkeit, in einem Moment des Zweifels und der Unsicherheit über meine Stärken, in diesem herumzublättern und mir somit das Gegenteil zu beweisen.

Besonders wirkungsvoll ist es, sich die Top-Erfolge des vergangenen Jahres übersichtlich aufzuschreiben und evtl. sogar als eingerahmtes Dokument aufzuhängen. Oder eine Erfolgsjournal-Challenge zu machen und zu versuchen, jeden Tag einen Erfolg mehr zu schaffen als am vorangegangenen.

Fange also einfach an, über dich selbst zu schreiben und du wirst sehen, es ist gar nicht so schwer. Es wird dein Leben bereichern, vor allem in Bezug auf all das, was dein Selbstwertgefühl beeinflusst. Nimm dir also einfach ein leeres Buch und schreibe anfangs mindestens 3 Erfolge auf. Auch das, worüber du dankbar bist und was du wertschätzt, hat starken Einfluss auf dein Leben und gehört in das Buch.

Praxis:

1. Besorge dir ein leeres Buch oder eine Notiz-App und schreibe in diesem "Erfolgsjournal". Sehr zu empfehlen ist hier auch das Erfolgsjournal (https://amzn.to/2X6F2mt) des Motivators Bodo Schäfer.

2. Blocke dir eine Zeit in deinem Kalender, wann du deine Erfolge des Tages eintragen willst. Anfangs wird es dir vielleicht noch schwerfallen, dies jeden Tag einzuhalten, jedoch wird es dir mit der Zeit immer besser gelingen, wenn sich erst einmal deine Filter nach und nach auflösen und dein Fokus auf Erfolge gerichtet sein wird. Ein Erfolg ist in meinen Augen alles, was mich auf irgendeine Weise weitergebracht hat oder gefreut bzw. mein Leben bereichert hat.

3. Extra: Mache die Erfolgsjournal-Challenge, um hierdurch einen zusätzlichen Turbo zu erleben. Schreibe hierzu einfach täglich einen Erfolg mehr in das Journal. Beispiel: Tag 1 = 5 Erfolge, Tag 2 = 6 Erfolge.

Idee 14 - Erkenne den Überfluss, der uns überall umgibt

Es ist erstaunlich, in welch einem Überfluss wir in einem Land wie Deutschland leben dürfen, auch wenn es vielleicht nicht unbedingt jedem bewusst ist. Ich denke, dass alles, was wir so brauchen und uns nicht unbedingt von der Werbung suggeriert wird, im Überfluss vorhanden ist. Dies will ich dir anhand mehrerer Beispiele in unterschiedlichen Kategorien aufzeigen, damit du auch diesen Überfluss sehen kannst, welcher uns tagtäglich umgibt.

Fangen wir an:

<u>Ernährung:</u>

- Früchte wachsen an Bäumen und Sträuchern in großer Vielfalt und vermehren sich rasant. Pflanzt man eine Erdbeerpflanze, lassen sich mehr als 5 Erdbeeren ernten, sowie 3 weitere Erdbeerpflanzen. Sie multipliziert sich also kontinuierlich, aus 5 Erdbeeren werden im nächsten Jahr bereits 15, im darauffolgenden 45 und im darauffolgenden 135. Die Natur multipliziert kontinuierlich.

- Wildkräuter in Hülle und Fülle, welche uns mit wertvollen Nährstoffen und Heilwirkungen versorgen und kostenfrei in der Natur wachsen.
- Auf Feldern wird der Großteil der Ernte zurückgelassen, weil sie nicht der gesetzlichen Norm entspricht.
- Nährstoffe für unsere Pflanzen werden tagtäglich in Form von Bioabfall, Kaffeesatz, Obstschalen, sowie Eierschalen weggeworfen.
- Saat wie Kürbiskerne, Tomatenableger oder in Form von Obstabfall werden tagtäglich in großen Mengen weggeworfen.
- Ein durchschnittlicher 5-Personen-Haushalt wirft jährlich Lebensmittel im Wert von über 1.000€ weg.
- Ebenfalls werden große Mengen an Essen täglich in Restaurants und Hotels weggeworfen, teilweise Nahrungsmittel, welche sich andere noch nicht einmal leisten können wie edler Fisch, Kaviar (komplett unversehrt und noch nicht mal angerührt, einfach nur weil stets im Überfluss zubereitet wird).
- Zieht man aus Linsen Linsensprossen, verfünffacht sich die Masse innerhalb von nur 3 Tagen.

- Die meisten Pflanzen in der Natur sind essbar und voller Nährstoffe, beispielsweise die Sonnenblume oder Süßgräser.
- Tagtäglich werden sogar Lebensmittel verschenkt, beispielsweise als Aktion namens Götterspeise in Hamburg.
- Oft werden Lebensmittel weggeworfen, einfach nur weil das MHD (Mindesthaltbarkeitsdatum) es vorschreibt, obwohl sie noch komplett in Ordnung sind.
- Fische und Insekten, sowie Nagetiere verhundertfachen sich innerhalb kürzester Zeit.
- Viele pflanzliche, frische Lebensmittel wachsen einfach wieder nach, wenn man den Strunk ins Wasser stellt.
- Bei McDonalds wird ein Burger nach bereits 3 Minuten weggeworfen.
- Viele Schlachtabfälle landen einfach im Müll, obwohl sie essbar bzw. verwendbar sind.
- Lebensmittel werden aufgrund ihres Aussehens weggeworfen: das Rot der Tomaten ist zu hell, die Gurken sind zu krumm, der Kohlrabi ist zu groß, etc.

- Verdauungsreste sowie Urin werden einfach die Toilette runtergespült statt Pflanzen als Dünger zu dienen.
- Obstschalen, welche essbar sind, werden einfach weggeworfen.
- Algen brauchen lediglich CO_2, Sonne und Wasser zum Wachsen und Fortpflanzen.
- Bierhefe enthält, wie du bereits erfahren hast, fast alle von uns benötigten Nährstoffe und zählt als Abfallprodukt.
- 9,4 kg Getreide werden an Rinder verfüttert, um 1 kg Fleisch herzustellen.

Ich hoffe, du siehst diesen Überfluss nun auch. Kommen wir nun zur nächsten Kategorie, dem Wissen.

Wissen:

- Jeder Mensch enthält gesammeltes Wissen und Erfahrungen und braucht lediglich befragt werden.
- Bibliotheken werden von Büchern überflutet.
- Große Mengen an Büchern werden weggeworfen, weil sich kein Abnehmer dafür findet.

- Das Internet steckt voller Information, sei es über Ecosia/Google, YouTube, Blogs oder Podcasts.
- Bei Amazon lassen sich fast alle Bücher bereits Probelesen.
- In Umsonstläden sind vielerlei Bücher zu entdecken.
- Freunde und Bekannte besitzen teils so viele Bücher, dass sie schon gar nicht mehr wissen, wohin damit.
- Die Natur steckt voller Weisheiten, wir brauchen einfach nur bewusster hinzuschauen.
- Überall werden Bibeln verschenkt.
- In Bussen werden vielerorts Bücher verschenkt und zum Lesen angeboten.
- Buchhandlungen und Online-Buchhandlungen stecken voller Bücher, vollgepackt mit Wissen.
- Second-Hand-Läden sind überfüllt mit Büchern, sowie Onlinedienste wie Rebuy.

Auch hier kannst du wieder die Hülle und Fülle an Wissen bemerken, wenn du deinen Fokus darauf lenkst.

Freundschaften und interessante Menschen:

- Meetups
- In Vereinen
- Auf Seminaren und Workshops
- In den Freundeskreisen, deiner Freunde
- In Facebook, besonders Facebookgruppen
- Auf der Straße
- Auf Dating-Plattformen
- Auf Demonstrationen
- Auf der Arbeit oder in der Schule
- In Geschäften
- In Bibliotheken
- Auf Messen
- Auf Themenabenden
- An Seen
- In der Natur

Alles was man braucht, um in Kontakt zu kommen, ist ein gemeinsames Thema, worüber man dann reden kann. Schon können sich neue Freundschaften bilden.

Flächen:

- Das Meer macht über 60% der Erdoberfläche aus und wird lediglich für Schiffsverkehr genutzt.

- Hausfassaden bieten viel Platz für Kunst, Energieerzeugung oder Bepflanzung.
- Dachflächen könnten für Gartenanlagen, Lager, zur Energieerzeugung, oder als Parkplatz genutzt werden.
- Schulgebäude sind in den Ferienzeiten so gut wie ungenutzt.
- Die Wüsten sind so gut wie ungenutzt und könnten durch eine Bewässerung und Begrünung fruchtbar gemacht werden, wie es einst schon die Babylonier taten. Fläche und Sonne sind vorhanden, alles weitere lässt sich mit Energie bereitstellen und einer Pipeline für Wasser; Energie kann schließlich im Überfluss erzeugt werden.
- Höhe. Viele Häuser könnten noch durch höhere Gebäude ersetzt werden.
- Tiefe. In der Erde ist noch reichlich Platz, welcher genutzt werden kann.
- Unter Wasser: Auch unter Wasser ist noch reichlich Platz und Fläche vorhanden z.B. als Lagerort.
- So viele ungenutzte Räume in Häusern, oder einfach als Abstellort benutzt für Sachen, welche sowieso nie wieder gebraucht werden.

- Weltall. Das ganze Weltall mitsamt den Planeten steht uns offen, sofern wir unsere Energie statt in Krieg und Zerstörung in Raumfahrt, Wissenschaft und Forschung, sowie Erschaffung stecken würden.

Kleidung:

- Umsonstläden
- Second-Hand-Läden
- Kleidergeschäfte
- Bei Freunden und Bekannten
- In Altkleidercontainern
- Im Müll
- Bei dir im Kleiderschrank
- Im Keller und auf Dachböden

Es muss dir ja noch nicht mal das Kleidungsstück gefallen, wenn der Stoff dir zusagt, kannst du auch einfach etwas Neues daraus schaffen (lassen), gib dich nicht zufrieden mit dem, was dir angeboten wird, wenn du stattdessen auch etwas ganz nach deinen Vorstellungen schaffen kannst. Eine Nähmaschine macht es dir hierbei sehr einfach. Und schließlich kann man sich ja alles selbst beibringen oder andere Menschen dafür bezahlen.

Dekoration:

- Aus Makkaroni + Farbe + Kleber lassen sich ganz einfach Deko-Objekte zaubern.
- Salzteig
- Dekoration aus Müll oder nicht mehr gebrauchten Sachen zaubern.
- Pflanzen als Deko nutzen, welche sich selbst vermehren.
- Selbst basteln (richtig praktisch sind hier Heißklebepistole, Kabelbinder, Draht, Tacker, Lötkolben und Kleister).
- Mit einem 3D-Drucker drucken.
- Müll oder Gips in eine Form gießen.
- Umsonstläden
- Second-Hand-Läden
- Internet
- Im Keller oder auf Dachböden

Rohstoffe:

- Im Erdreich.
- Unter Wasser.
- Im Asteroidengürtel.
- In der Wüste.
- Am Meeresgrund in Form von alten Schiffswracks.
- Auf Mülldeponien.
- Auf Reifen-Deponien.

- Auf Schrottplätzen.
- In Mülleimern.

Baustoffe:

- Im Ozean in Form von Müll.
- Plastikflaschen
- Reifen
- Sand
- Lehm
- Erde
- Alte Container
- In Form von gefrorenem Wasser (Schnee und Eis) für Iglus.

Energie:

- Sonnenlicht für Solaranlagen
- Wellen für z.B. Wellenpumpen
- Windkraft
- Erdwärme
- Biomasse
- Wasserdruck
- Magnetismus
- Kernkraft
- Antimaterie
- Wasserstoff

Wir haben Energie im Überfluss, bräuchten ihn einfach nur besser zu nutzen. Ich meine, wenn es regnet und man zu wenig Wasser hat, liegt es doch nicht am Regen, wenn man nur ein Gefäß aufgestellt hat. Will man mehr Wasser, sollte man auch mehr Auffangbehälter aufstellen.

Arbeitskräfte, sowie Helfer:

- Roboter und Maschinen
- Menschen, die ihre Aufgabe nur noch nicht gefunden haben.
- Künstliche Intelligenz

Geld:

- Es ist nicht der Mangel an Geld, der zu Armut führt, sondern der Mangel an Ideen und Umsetzung, sofern die Grundbedürfnisse nicht mehr versorgt werden brauchen.
- Entweder man macht sich das Geld zum Sklaven oder man wird zum Sklaven des Geldes. Statt immer wieder Erdbeeren zu kaufen, kann man auch ganz einfach für das gleiche Geld Erdbeerpflanzen kaufen, so dass diese sich immer weiter vermehren und Früchte hervorbringen. Genauso ist es mit dem Geld: Statt es immer wieder in einmalige Investitionen zu stecken, kann man es auch langfristig für sich arbeiten lassen und sich dann von dessen Früchten etwas gönnen.
- So viele Menschen geben ihr überschüssiges Geld für ihre Süchte aus und verbrennen es.
- Manche Typen im Internet haben so viel Geld, dass sie es sogar vor laufender Kamera verbrennen.
- Pfandflaschen werden weggeworfen, weil derjenige einfach genug Geld hat.

- Milliarden von Euros sitzen auf Bankkonten fest und werden niemals angerührt.
- Jährlich werden mehrere tausend Euro in Form von weggeworfenen Lebensmitteln, sowie teuren Verträgen verschwendet.
- Viele Talente und Ideen werden niemals angegangen, obwohl sie zu großem Reichtum führen könnten.
- Lebensmittel werden aufgrund ihres Aussehens weggeworfen.
- Jedes Jahr wird Geld investiert, um es in die Luft zu jagen (Silvester).
- Es gibt immer mehr Selfmade-Millionäre.
- Konsumenten geben immer wieder ihr Geld für Ware aus, die darauf programmiert ist, nach einer gewissen Zeit kaputt zu gehen.
- Noch brauchbare Sachen werden weggeworfen, statt verkauft oder verschenkt zu werden (wahrlich wir haben zu viel Geld hierzulande).
- Wir kaufen oft alles doppelt und dreifach, weil wir es schon nicht mehr wiederfinden, aufgrund unseres Reichtums an Sachen und Gegenständen.
- Viel Geld wird in Glücksspielen verschwendet, bei denen eigentlich immer nur die Bank gewinnt.

Ich hoffe, du kannst nun auch diesen Überfluss erkennen, welcher uns tagtäglich umgibt. Sobald du diesen ganzen Überfluss siehst, fehlen dir lediglich noch die richtigen Ideen, um durch diese noch mehr Überfluss in dein Leben zu ziehen. Es ist nie der Mangel, der in unserer Welt herrscht, es sind lediglich die kreativen Ideen und Macher, welche die Ideen umsetzen, die fehlen.

Und überlege auch mal, es gibt etliche Tiere, Insekten und Pflanzen, welche alle von Mutter Natur versorgt werden und keine Vorräte anlegen müssen. Nur der Mensch wird immer weiter abhängig gehalten, indem ihm irgendwelche Wünsche suggeriert werden, welche er nun unbedingt befriedigen muss, da sonst seine Kaufkraft und Arbeitskraft nachlassen würden. Dabei könnte er auch vollkommen autark leben, indem er sich einfach ein Earthship bauen würde, welches durch seine internen Kreisläufe nicht mehr auf äußere Kreisläufe wie ein Stromnetz angewiesen wäre. Lebensmittel könnte er sich ganz einfach wieder selbst anbauen und aufziehen. Wasser könnte er aus Regenwasser filtern oder durch einen Brunnen beziehen. Und für Freunde und Spaß müssen wir bekanntlich ja nicht bezahlen.

Von A nach B könnten wir auch per Anhalter, auf einem Tier oder auf einem Rad kommen.

Selbst ein elektrisches Fahrrad lässt sich ganz einfach selbst bauen mittels eines Akkuschraubers. Viele andere Sachen, wie z.B. Werkzeug, lassen sich auch ganz einfach ausleihen, Wärme mit einem Kamin erzeugen und diese Liste könnte nun endlos so weitergehen. Wir haben also an sich alles und bräuchten nur einmal richtig zu investieren.

Die einzigen Sachen, für die wir eigentlich wirklich arbeiten gehen sind doch:

- Nahrung und Trinken: Dieses lässt sich jedoch mit entsprechend Land selbst herstellen, ein Zehntel der Ernte einfach immer wieder aussäen
- Haus: Lässt sich bereits für unter 3.000€ selbst bauen
- Wasser: Regenwasser/Brunnen + Wasserfilter
- Toilette: Komposttoilette einfach selbst bauen
- Wärme: Holzkamin + Holz, verbrannt werden kann z.B. Holz, welches verschenkt wird, wie alte Möbel oder Paletten

- Kleidung: Einfach selbst nähen aus verschenkten Kleidungsstücken
- Strom: Windturbine/Solarpanels auf dem Dach oder einen selbstgebauten Radgenerator nutzen
- Wäsche waschen: Holzkohle aus dem Ofen + Regenwasser und evtl. erhitztes Wasser vom Kamin; Wäschewanne sowie Waschbrett dürfen auch nicht fehlen oder einfach eine Waschmaschine selbst bauen
- Unterhaltung und Freizeit: Hier lässt sich mit den richtigen Leuten und entsprechenden Ideen vieles auch ohne Geld unternehmen

- Transport: Per Anhalter, auf einem Tier, auf einem Fahrrad, am besten dieses Fahrrad noch mit einem Akkuschrauber elektrisch ausstatten
- Dekoration und Möbel: aus Paletten/Möbeln oder altem Krimskrams selbst bauen, wird jedoch auch häufig verschenkt
- Tauschgut: Du kannst auch einfach dein Zuviel an Obst und Gemüse gegen andere Ware eintauschen, welche du noch brauchst
- Hygieneprodukte: Mit der richtigen Ernährung, sowie einem gesunden Darm braucht man kein Klopapier mehr, als Zahnpasta lässt sich auch prima Holzkohle nehmen und als Zahnbürste auch ein Fichtenzweig
- Urlaub: Lässt sich auch ohne viel Geld mit Couchsurfing und per Anhalter oder mit Wanderungen bewerkstelligen
- Versicherungen: Brauchen wir die eigentlich wirklich, wenn wir uns stets gesund ernähren, uns bewusst machen, dass die Pharmaindustrie sowieso mehr an unserer Krankheit, als unserer Gesundheit interessiert ist? Und wir soweit selbst vorsorgen, dass wir auch im Alter oder bei Krankheit nicht auf der Straße hocken müssen?)

- Technische Sachen, welche sowieso dafür gemacht sind, wieder kaputt zu gehen: Hier könnte man besser in die Qualität oder in Waren mit lebenslanger Garantie investieren, bzw. das Gerät selbst nachbauen
- Bücher und Wissen: Diese könnte man auch wie weiter oben beschrieben sich kostenfrei beschaffen, durchs ausleihen, geschenkt bekommen oder einfach die richtigen Fragen stellen

Zusammenfassend lassen sich folgende laufende und immer wiederkehrende Ausgaben benennen, welche uns weiterhin abhängig halten:

1. Unsere Wohnung/Haus in Form von Miete und Nebenkosten.
2. Unser Auto/Bahn-Abo, um hauptsächlich zur Arbeit zu gelangen, um sich wiederum diese Sachen leisten zu können.
3. Versicherungen, hauptsächlich, um uns vor Krankheit und Sachschäden zu versichern.
4. Handyvertrag, um stets in Kontakt miteinander zu bleiben und stets mit dem Internet verbunden zu sein.

5. Kinder, welche nicht unbedingt mehr brauchen, als wir und somit auch ohne Arbeit versorgt werden könnten.
6. Internettarif, natürlich um mit dem Internet und anderen Menschen verbunden zu bleiben.
7. Reparaturen und Verschleiß, schließlich sind die meisten Dinge nur so konzipiert, dass sie die Dauer der gesetzlichen Garantie einhalten.
8. Hygieneprodukte für den Körper, die Wohnung und die Wäsche, schließlich will man ja auch hygienisch sein.

Alles weitere ist Luxus und wird uns nur suggeriert, dass wir es unbedingt benötigen. Brauchen wir es aber wirklich? Schließlich konnten wir vorher auch ganz gut ohne leben.

Natürlich soll das nun keine Aufforderung sein, so zu leben, es soll dir lediglich zeigen, dass wir eigentlich gar nicht arbeiten und viel Geld verdienen bräuchten und somit Überfluss in Hülle und Fülle vorhanden ist. Du siehst also, wir bräuchten noch nicht mal mehr arbeiten gehen, wenn wir einfach mal paar tausend Euro in die Hand nehmen würden, um uns etwas unabhängiger zu machen.

Praxis:

1. Finde ein weiteres Beispiel für Fülle in deinem Leben.

2. Sage 50 Mal "Alles ist im Überfluss vorhanden" als Mantra auf und begründe diese Aussage schriftlich.

3. Überlege dir, wie du mehr Fülle in dein Leben bringen kannst.

4. Tritt unserem Gratis-Kanal für mehr Fülle bei: https://www.t.me/kommindiefuelle

Idee 15 - Lerne und wachse täglich

Alles, was aufhört zu wachsen, stirbt, denn in unserer Welt gibt es nur Wachstum oder das Ende von Wachstum, was gleichzeitig der Anfang von Zerfall, sprich Tod ist.

Seitdem ich mich stetig weiterbilde, meine Erkenntnisse aufschreibe oder auf eine andere Weise über mich selbst hinauswachse, ist mein Leben komplett transformiert und das zum Positiven.

Mein Wissensnetz durfte stetig größer und dichter werden, dadurch kann neues Wissen wesentlich besser an bereits vorhandenes Wissen anknüpfen und es somit schneller ins Langzeitgedächtnis schaffen. Sprich, ich lerne wesentlich schneller, als ich es früher noch getan habe und von Jahr zu Jahr nimmt diese Fähigkeit immer weiter zu.

Auch filtert mein Unterbewusstsein immer weniger Informationen, wodurch ich Chancen wahrnehmen kann, die vorher stets ausgeblendet bzw. gefiltert worden waren.

In meinen Augen ist jeder Tag, an den ich mich nicht erinnern kann oder der mich nicht auf irgendeine Weise weitergebracht hat, außer in Richtung Tod, ein verlorener Tag, den ich niemals gelebt habe.

Wachsen können wir dabei am besten, indem wir uns unseren Ängsten stellen und unsere Komfortzone verlassen, sprich Situationen ausliefern, welche unangenehm für uns sind. Denn nur, wenn wir unsere Komfortzone verlassen, können wir wirklich wachsen und hier ist auch das größte Wachstum verborgen.

Gestern z.B. durfte ich mich mit 2 Freunden wieder aus meiner Komfortzone herausbewegen, indem wir in der Stadt fremde Menschen angesprochen haben und ihnen ein Kompliment machten.

Früher zog ich mich extra auffällig an und begab mich so in die Öffentlichkeit, wodurch ich natürlich mit nonverbaler, sowie verbaler Kritik umgehen lernen musste und viel angeschaut wurde. Dadurch versetzte ich mich in eine ähnliche Situation, als würde ich einen Vortrag vor vielen Menschen halten, und dies pusht das Selbstvertrauen ungemein.

Oder ich mache Umfragen, einfach aus Interesse, um eine Zielgruppenrecherche durchzuführen und spreche dabei Menschen draußen in der Öffentlichkeit an.

Anfang dieser Woche bin ich einen hohen Baum zweimal hoch- und wieder heruntergeklettert, obwohl ich Kontrollverlustangst habe, welche sich ähnlich wie Höhenangst ausdrückt.

Und jedes Mal, wenn ich meine Komfortzone verlassen habe, fühle ich mich hinterher besser, selbstbewusster, stärker und bin stolz auf mich, es getan zu haben, trotz dem ich vorher einen inneren Widerstand spürte.

Mache es also am besten zu deiner Gewohnheit, dich stetig weiterzubilden oder über deine bisherigen Grenzen hinauszuwachsen, was du immer dann tust, wenn du vor einem Schritt einen inneren Widerstand zu spüren bekommst.

Selbst wenn du keine Zeit haben solltest, hast du noch genügend tote Zeit, also Zeit, die nicht genutzt wird, welche du dir hierfür zunutze machen kannst. Tote Zeit ist z.B. das Warten in einer Warteschlange oder das Fahren im Bus. Hier kannst du dir dann ein Buch herausnehmen und lesen, ein Hörbuch oder Podcast hören, dich mit anderen Menschen, von denen du lernen kannst, unterhalten oder einfach fremde Menschen ansprechen.

Das Wichtigste ist jedoch, dass du etwas tust, was deinen Kenntnisstand, Erfahrungsschatz oder deine Fähigkeiten erweitert oder stärkt und deine Grenzen überschreitet. Diese Angewohnheit macht das Leben unglaublich erfüllend. Wenn mich jemand fragen sollte, was der Sinn des Lebens ist, würde ich antworten: Erfahrungen sammeln, lernen, lieben und dienen.

Hier nun einige Beispiele aus meinem Leben:

1. Ich lese fast täglich Bücher oder höre ein Hörbuch, wenn ich mal mit dem Fahrrad unterwegs sein und nicht lesen können sollte.
2. Ich mache fast täglich Tabata oder einen anderen Sport.
3. Ich überschreite oft meine Grenzen oder überwinde meine Angst.
4. Ich gehe öfters auf fremde Menschen zu oder lerne neue Menschen auf verschiedenen Events kennen und tausche mich mit ihnen aus.

5. Ich betreibe Couchsurfing, d.h. ich lasse entweder fremde Menschen bei mir übernachten oder schlafe bei fremden Menschen, welche ich vorher noch nie gesehen habe.
6. Ich betreibe Persönlichkeitsentwicklung, verändere meine limitierenden Glaubenssätze in Unterstützende oder stelle mir die richtigen Fragen.
7. Ich habe mir verschiedene Mentoren in mein Leben geholt, mit denen ich mich regelmäßig austausche und welche mich immer wieder auf neue und wertvolle Ideen bringen.
8. Ich kleide mich alternativ, wodurch ich immer wieder in der Masse auffalle.
9. Ich suche stets nach neuen Möglichkeiten, um weiter zu wachsen und gehe immer wieder neue Projekte an.
10. Ich halte Vorträge oder gebe Kurse, trotzdem ich anfangs nervös bin.

Die Frage, die du dir nun stellen solltest, ist: Wie kannst du immer weiterwachsen? Und auch wenn du dich bereits weiterbildest, denn sonst würdest du dieses Buch nicht lesen, stellt sich für dich die Frage, wie kannst du noch weiterwachsen?

Praxis:

1. Überlege dir nun, wie du weiter über dich hinauswachsen kannst.

2. Wo liegen deine Grenzen, wann wirst du nervös oder verspürst eine Angst? Nimm dir mindestens eine dieser Grenzen vor und überschreite diese.

3. Nimm dir vor, die nächste tote Zeit sinnvoll zu nutzen, indem du dich mit einer anderen Person unterhältst oder dich weiterbildest.

4. Begib dich außerhalb deiner Komfortzone, indem du dich auffallend anziehst oder barfuß durch die Stadt läufst.

Idee 16 - Beachte die Gesetze des Lebens

Vielleicht wirst du dich fragen: „Wovon spricht er denn jetzt?"

Nun, ich rede von den geistigen Gesetzen, welche unsere Welt beherrschen. Einige davon wirst du wahrscheinlich schon kennen, die anderen konntest du vielleicht spüren, wusstest aber nicht, dass es sie gibt.

Fangen wir nun auch gleich mit ihnen an:

1. Das Gesetz der Resonanz

All das, worauf wir uns konzentrieren, wird größer und mehr. Unser Output gleicht unserem Input.

Was heißt das?

Haben wir uns beispielsweise verletzt und haben Schmerzen, dann werden diese immer stärker, je mehr Aufmerksamkeit wir ihnen schenken. Klar, das kennst du, das kennt jeder.

Aber es geht noch weiter, denn konzentrieren wir uns nur auf Schlechtes, dann werden wir die Welt auch nur noch überwiegend als etwas Schlechtes sehen und werden auch immer nur von noch mehr Schlechtem umgeben sein.

Etwas wird also mehr und größer, je mehr wir uns darauf konzentrieren. Man kann dies rein wissenschaftlich erklären, indem man sagt, dass unser Verstand daran schuld ist, denn wenn er darauf ausgerichtet ist, nur noch Schlechtes wahrzunehmen und Gutes auszublenden, dann ist es klar, dass wir mehr von Schlechtem umgeben sein werden.

Wir können es aber auch spirituell erklären, indem wir sagen, da wo die Aufmerksamkeit hingeht, fließt die Energie, denn auch unsere Gedanken bestehen aus Energie, wie eigentlich alles. Selbst Materie ist Energie, nur im verdichteten Zustand.

Was ist zu tun?

Nun, da du dieses Gesetz kennengelernt hast, liegt es bei dir, ob du dich fortan nur noch auf das konzentrierst, was du willst.

Bist du arm und willst mehr Geld haben, dann musst du dich mehr auf Wohlstand konzentrieren, als auf Geldsorgen, Rechnungen usw..

Willst du gesünder sein und hast eine Erkrankung, dann musst du so tun, als wärst du schon gesund, oder nimm ein Placebo zu dir und behandle es so, als sei es das ultimative Heilmittel dagegen.

Fühle und benehme dich einfach so, als hättest du deinen angestrebten Zustand schon erreicht (natürlich ohne Schulden zu machen).

Praxis:

1. Stecke einen 100€ Schein in deine Geldbörse und schaue stets, wofür du ihn alles ausgeben kannst, ohne ihn wirklich auszugeben. Diese Technik durfte ich z.B. im Buch "Ein neuer Anfang (https://amzn.to/2K0hWIE)" von Esther und Jerry Hicks kennenlernen.

2. Führe ein Erfolgsjournal, sowie Dankbarkeitsjournal, sofern du es nicht bereits getan haben solltest. Schreibe in dein Dankbarkeitsjournal alles rein, wofür du in deinem Leben dankbar bist. Tipp: Überlege dir, wie dein Leben ohne das, was du hast, wäre, um es noch mehr schätzen zu können: Stell dir vor, du wärst nicht frei oder hättest keine Wohnung.

3. Mache ein Rollenspiel und tu so gut wie du nur kannst, als wärst du bereits die Person, welche du gerne sein willst.

2. Gedanken schaffen Realität

Bevor etwas existieren kann, muss es im Geiste existieren. Geist und Materie sind wohl völlig verschiedene Versionen des Gleichen, doch alles ist Energie.

Was heißt das?

Willst du muskulös werden, dann musst du dies in deinen Gedanken bereits sein. Wie in dem Film „Der Film deines Lebens (https://www.youtube.com/watch?v=-f5pbrghhJo)" von Sebastian Goder, als der Bettler sich seinen Wunschort im Geiste vorstellen sollte. Wir können unsere Gedanken so lebhaft und voller Gefühle gestalten, dass wir denken, wir wären schon in dieser Realität. Nicht nur, dass hierdurch der Drang und die Motivation steigt, diese dann auch wirklich erreichen zu wollen, man bekommt auch eine klare Vorstellung davon.

Alles, was es gibt und was von Menschenhand geschaffen worden ist, existierte vorher als Gedanke in den Köpfen der Erfinder.

Hierzu passt auch gut der Spruch:

„Achte auf deine Gedanken, denn sie werden zu deinen Worten. Achte auf deine Worte, denn sie werden zu deinen Taten. Achte auf deine Taten, denn sie werden zu deinen Gewohnheiten. Achte auf deine Gewohnheiten, denn sie werden zu deinem Charakter. Achte auf deinen Charakter, denn er wird dein Schicksal."

(Aus dem Tibet)

Oder kurzgefasst: „Achte auf deine Gedanken, denn sie werden zu deinem Schicksal."

Unsere Gedanken formen unsere Realität, und die Beschaffenheit unserer Gefühle bestimmt auch die Beschaffenheit unserer Gedanken.

Unsere Gedanken können wir am besten kontrollieren, indem wir unsere Gefühle beherrschen. Wollen wir nur Gutes erreichen, dann sollten auch unsere Gefühle Glück, Freude und Liebe ausstrahlen.

Der US-amerikanische Schriftsteller Napoleon Hill sagte einmal: „Wenn du etwas in deinen Gedanken sehen kannst, dann kannst du es auch in deinen Händen halten".

Was ist zu tun?

Wie wir bereits ausgeführt haben, müssen wir lernen, unsere Gedanken mit Hilfe unserer Gefühle in die richtigen Bahnen zu lenken. Des Weiteren können wir auch unsere zukünftige Realität durch unsere heutigen Gedanken schaffen.

Wollen wir ein Ziel verwirklichen, dann sollten wir es zuvor in unserer Vorstellung erreicht haben. Wir müssen es uns so lebhaft und so voller Gefühle wie nur möglich vorstellen, wir müssen in diese Wunschrealität förmlich eintauchen und diese dann durch unsere täglichen Gedanken in unsere Realität schieben.

Auch sollten wir auf unsere Gedanken achten, denn sie sind ein mächtiges Werkzeug zur Schaffung unserer Realität.

Praxis:

1. Nimm dir vor, eine Woche lang nur positive Gefühle zu haben. Solltest du einmal nicht gut gelaunt sein, dann schreibe in dein Dankbarkeitsjournal hinein oder schaue in dein Board der guten Laune vorbei.

2. Nimm dir in dieser Woche ebenfalls vor, täglich 10 Minuten z.B. in deiner toten Zeit, in deine Wunschrealität gedanklich abzutauchen.

3. Das Gesetz der Polarität

Alles im Leben hat zwei Seiten. Und auch wenn es sich hier um Gegensätze handelt, bedingen sie einander und könnten gar nicht ohne den anderen existieren.

Was heißt das?

Ohne Dunkelheit können wir kein Licht sehen, ohne Licht gäbe es auch nicht Orte der Dunkelheit.

Ohne Frau kein Mann und ohne Mann keine Frau. Egal wo man auch hinsieht, gibt es immer zwei Gegensätze, welche ohne den anderen gar nicht existieren könnten. Wenn es also mal in die Höhe geht, dann muss es auch irgendwann mal in die Tiefe gehen.

Und genauso, wie es sich mit der Verdauung verhält (was reinkommt, muss auch wieder rauskommen), ist es auch mit Problemen und Fehlern: Ohne sie wäre kein Erfolg möglich, denn sie bedingen einander. Ohne Fehler wäre die Welt perfekt, Niemand würde wachsen wollen, und da der Zustand nicht besser werden kann, würde es demnach auch keinen Erfolg geben und das Leben wäre langweilig.

Was ist zu tun?

Wir müssen Gegensätze als notwendig sehen. Es gibt eine Seite der Medaille und die Zweite ist manchmal gar nicht so weit entfernt. Wir müssen auch Fehler und Probleme als notwendig für unseren Erfolg sehen und schätzen. Es gibt nichts wirklich Gutes und nichts wirklich Schlechtes, es sind einfach zwei verschiedene Seiten der gleichen Sache.

Praxis:

1. Suche dir 5 Sachen aus, welche du verurteilst und als nicht gut ansiehst und finde Gründe, was gut an ihnen ist und warum diese wichtig für uns sind.

Beispiel:

Würde es keinen Hass geben, könnten wir die Liebe gar nicht wirklich wahrnehmen und wertschätzen, so wie der Fisch das Wasser nicht wahrnimmt. Hass bringt uns näher zusammen und lässt die Liebe untereinander stärker werden. Auf weißem Papier könnten wir niemals eine weiße Schrift sehen, Kontraste machen sie überhaupt erst sichtbar. Genauso wie Hass und Angst die Liebe überhaupt erst sichtbar machen.

4. Das Gesetz von Ursache und Wirkung oder auch Karma genannt

Alles, was wir tun, hat eine Wirkung. Alle Krankheiten sind lediglich Symptome und haben eine Ursache.

Was heißt das?

Wir sollten endlich aufhören, an der Oberfläche zu kratzen und die Symptome immer nur zu bekämpfen, statt dem Problem an der Wurzel zu begegnen. Unkraut wächst doch auch immer wieder nach, wenn wir es nur herausreißen. Die Wurzeln sind die Ursache und sorgen immer für neues Grün auf der Oberfläche, und so ist es beispielsweise auch mit Krankheiten. Mit Medikamenten unterdrücken wir nur die Symptome und Auswirkungen.

Aber diese Symptome sind Warnsignale und sollen uns auf etwas hinweisen, sie sind nicht ohne Grund da. Stattdessen sollte man diesen auf den Grund gehen und sich fragen, warum sie da sind.

Bekämpfen wir nur das Symptom, dann wird es immer wieder kommen, wie das Unkraut, bis wir die Ursache bekämpft haben, bis wir also die Wurzel herausgerissen haben.

Vielleicht sind wir einfach immer zu gestresst und bekommen daher unsere Magenschmerzen. Statt nun also den Magen zu operieren oder Tabletten zu schlucken, sollten wir lieber für ein weniger angespanntes Leben sorgen oder uns mal eine Auszeit gönnen.

Die moderne Schulmedizin nimmt lieber alles raus, was meckert, das hat rein gar nichts mit Heilung zu tun, denn auch wenn man die Motorwarnleuchte am Auto herausnimmt, bleibt das Problem am Motor doch bestehen und schlägt irgendwann zu. Dann ist es aber zu spät.

Kurz: Ohne Ursache keine Wirkung. Ohne Energie-Anstoß wird auch keine Bewegung entstehen können.

Auch Karma ist so etwas, Karma ist ein Ausgleich. Tun wir etwas, dann kommt es auf uns zurück. Sprich, eine Ursache erzielt eine Wirkung und eine Wirkung ruft manchmal eine Ursache für etwas anderes hervor.

Was ist zu tun?

Wir müssen stets unsere Augen auf die Ursache richten und nicht auf die Symptome, welche sie hervorruft. Die Symptome sollen uns nur auf etwas hinweisen und uns warnen.

Sie sind wie ein X auf einer Karte, sie sollen einfach nur das Nicht-Sichtbare für uns sichtbar machen.

Bekämpfen wir nur das Symptom, dann ist es so, als würden wir unsere Augen schließen, wenn vor uns gerade jemand einen Menschen umbringt. Auch wenn wir es nun nicht mehr sehen oder wahrnehmen können, wird da dennoch jemand umgebracht.

Und wir sollten auch der Schulmedizin mit ihrer Chemiekeule gegen Symptome und dem Herausoperieren von streikenden Organen skeptisch gegenüberstehen und wieder mehr zur Natur kommen.

Bist du fett, dann liegt es daran, dass deine Ernährung nicht die Gesündeste ist, du zu viel isst, zu wenig Sport machst oder dein Thermostat einfach anders eingestellt ist, was bedeutet, dein Verstand sieht dein Übergewicht als Normalzustand an und versucht alles, um es zu halten.

Wir müssen dann also, um das Symptom Fettleibigkeit zum Verschwinden zu bringen, uns gesünder ernähren, uns mehr bewegen, dürfen nicht zu viel essen (wobei das bei gesunder Ernährung und Sport nicht so tragisch ist) und müssen den Thermostat richtig einstellen, indem wir uns so sehen, wie wir sein wollen und nicht immerzu sagen „Ich bin fett" und immer wieder auf die Waage zu schauen.

Kurz, du willst etwas ändern, dann greife das Problem an der Wurzel.

Praxis:

1. Erkläre auf Papier, was der Unterschied zwischen einem Symptom und einer Ursache ist.

2. Welche Symptome hast du in deinem Leben? Überlege, was die Ursache hierfür sein könnte.

3. Welche Ursachen sind notwendig, um das Leben deiner Träume zu leben? Schreibe diese auf und überlege, wie du diese gezielt verursachen kannst.

4. Warum sollten wir uns auf die Ursachen konzentrieren und verändern, statt das

Symptom zu verändern, wenn wir etwas
verändern wollen?

Tipp: Geld ist nur ein Symptom und niemals die
Ursache für etwas.

5. Das Gesetz der Entsprechung

Die Welt ist ein Spiegel unserer Handlungen und
Gedanken. Was diesen Gedanken und
Handlungen entspricht, bekommen wir auch.
Alles, was uns begegnet, hat auch mit uns zu
tun. Unsere Außenwelt gleicht unserem Denken
und Fühlen.
Beispiel: Gesunde Gedanken führen zu einem
gesunden Körper.

Was heißt das?

So, wie wir denken, werden wir auch
bekommen. Wollen wir also mehr Menschen um
uns haben, dann müssen unsere Gedanken und
unsere Gefühle diesem Wunsch entsprechen.

Wollen wir wissen wie unsere Zukunft aussieht, dann brauchen wir nur auf unsere heutigen Gedanken zu schauen.

Schaue auf das, was du hast und welche Leute dich umgeben und du wirst sehen, wie du früher gedacht und gefühlt hast.

Was ist zu tun?

Wir müssen unsere Gedanken und unsere Gefühle auf unsere Wünsche und Ziele ausrichten.

Gefällt uns nicht, was wir haben und was uns umgibt, dann müssen wir unsere Gedanken und Gefühle ändern. Wollen wir reich werden, dann müssen wir auch dafür sorgen, dass unsere Gedanken Reichtum widerspiegeln und diese sowie unser Handeln dem entsprechen. Wie Innen, so Außen.

Praxis:

1. Schaue auf dein aktuelles Eigentum, dein Umfeld und deine Umstände und frage dich, durch welche früheren Gedanken diese verursacht wurden.

2. Überlege dir, welche Gedanken, Gefühle, Ziele, Wünsche und welches Umfeld notwendig sind, um das Leben deiner Träume führen zu können.

3. Überlege dir, durch welche Gefühle und Gedanken das, was dir in deinem Leben nicht gefällt, verursacht wurde.

6. Das Gesetz des Rhythmus

Alles fließt, alles kommt, um irgendwann einmal zu gehen.

Beispiel: Ebbe und Flut, Sommer und Winter, einatmen und ausatmen.

Was heißt das?

Man darf nichts als wirklich dauerhaft ansehen und muss akzeptieren, dass etwas, was zu uns gekommen ist, auch irgendwann wieder gehen wird.

Hier als Beispiel auch unsere Lebensenergie, sie ist uns nur geliehen und darf nicht als selbstverständlich und schon gar nicht als dauerhaft angesehen werden.

Wir sollten sie und auch alles andere schätzen, solange es bei uns ist.

Wir müssen akzeptieren und uns bewusst machen, dass nichts für immer ist, alles kommt und geht und muss fließen können.

Alex Fischer sagt in seinem Buch „<u>Reicher als die Geissens</u> (https://bit.ly/2rQKo9K)", dass reiche Menschen, die nicht spenden können, nicht glücklich sein können, weil das Geld aufhört zu fließen und anfängt, sich bei ihnen zu stauen. Auch bei einem Damm ist es so: Wenn das Wasser nicht irgendwo durchfließen und weiterfließen kann, wird der Damm irgendwann brechen.

Und es kommt auch nur wirklich das zu dir zurück, was du auch bereit bist gehen und fließen zu lassen.

Was ist zu tun?

Zum einen sollten wir uns das Kommen und Gehen bewusst machen und akzeptieren. Wir sollten nichts als zu selbstverständlich nehmen und lernen, es mehr zu schätzen.

Außerdem sollten wir lernen, dass alles fließen muss. Stört oder unterbricht man diesen Fluss, kommt es zu Problemen.

Wenn etwas zu uns kommen soll, dann müssen wir auch bereit sein, es gehen zu lassen.

Praxis:

1. Entdecke weitere Beispiele, wo dieses Gesetz des Fließens Anwendung findet. Wo muss etwas ständig Kommen und Gehen, um keine Probleme zu verursachen?

2. Spende eine Summe deiner Wahl an eine wohltätige Organisation oder lege es Draußen irgendwohin, um es fließen zu lassen und schaue, was danach in den nächsten Tagen passiert und wie du dich anschließend fühlst.

3. Frage dich, wo du selbst noch an etwas festhältst und es nicht gehen lassen willst, aus Angst, dass es nie wieder zu dir zurückkommt. Hinterfrage deine Antworten auf diese Frage gründlich.

7. Das Gesetz der Entwicklung

Wir leben, um durch unsere Erfahrungen zu lernen und zu wachsen. Ziel und Sinn des Lebens ist es, sich optimal zu entwickeln. Wir bekommen Aufgaben vom Leben gestellt, die wir lösen sollen. Wenn wir ihnen aus dem Weg gehen, kommen sie auf einer anderen Weise wieder zu uns zurück.

Was heißt das?

Wir können vor Problemen nicht davonlaufen, denn sie sind Herausforderungen vom Leben gestellt, die wir lösen müssen. Tun wir dies nicht und laufen stattdessen vor ihnen davon, kommen sie in einer anderen Form wieder auf uns zurück, bis wir sie bestanden und gelöst haben. Sozusagen setzen wir uns diese selbst, um uns bestmöglich selbst erfahren zu können.

In „Gespräche mit Gott" Band 1 ist zu lesen:

"Möchtest du mir damit zu verstehen geben, dass die Seele vorab wählt, welche Art von Leben sie erfahren will?

NEIN, DAS WÜRDE den Sinn und Zweck der Begegnung zunichtemachen. Dieser besteht darin, dass ihr eure Erfahrung - und somit euer Selbst - in dem wunderbaren Augenblick des Jetzt erschafft. Von daher wählt ihr nicht vorab das Leben aus, das ihr erfahren werdet.

Es steht euch jedoch frei, die Personen, Orte und Ereignisse - Bedingungen und Umstände, Herausforderungen und Hindernisse, Gelegenheiten und Optionen auszusuchen, mit deren Hilfe ihr eure Erfahrung erschafft. Ihr könnt die Farben für eure Palette, das Werkzeug für euren Werkzeugkasten aussuchen. Was ihr dann damit erschafft, ist eure Sache. Das ist worum es im Leben geht."

Unsere Aufgabe ist es, uns optimal zu entwickeln, indem wir uns Herausforderungen stellen, Fehler machen und aus ihnen lernen. Sie machen unser Leben erfüllter und glücklicher. Das Leben steckt dabei so voller Möglichkeiten, wir müssen nur uns entscheiden, welche dieser Möglichkeiten wir für uns und zum Lösen und Bestehen nutzen und annehmen wollen.

Mit dieser Tatsache kann man das Leben wie ein Spiel betrachten. Es gibt verschiedene Level, schafft man das Vorherige, dann kommt man ins Nächste und muss sich dort noch größeren und schwereren Herausforderungen stellen. Aber man ist dann selbst auch stärker und hat den Herausforderungen mehr entgegenzusetzen als zuvor.

Am Ende eines jeden Spiels gilt es dann noch den Endgegner zu besiegen, dieser verlangt einem einfach alles ab.

In unserem Leben gibt es auch mehrere Level, mehrere Herausforderungen und einen Endgegner, aber auch mehrere Spiele. Du entscheidest, was der Endgegner war, gibst du auf, dann war er es und du bist Game Over. Diese Endgegner symbolisieren unsere Angst, ihr müssen wir uns stellen. Und dieser Endgegner wird immer größer, je schwächer wir werden. So ist es auch mit der Angst. Je mehr Angst wir haben, desto stärker und größer wird sie und desto kleiner und schwächer werden wir.

Ist das Spiel vorbei, brauchen wir schnell wieder ein nächstes Spiel, denn sonst kommen wir uns leer vor. Das Spiel hält uns in Bewegung. Manchmal kommen wir nicht weiter, dann müssen wir erst ein paar Punkte sammeln, um stärker zu werden bzw. uns Fähigkeiten aneignen oder uns Hilfe holen.

Man darf einfach nie aufgeben und muss stets an sich glauben und an sich arbeiten, um immer besser und stärker zu werden. Und man darf in keinem Level aufgeben, man darf nie, nie, nie, niemals aufgeben, bis man sein Ziel erreicht hat!

Manchmal gehen wir aber im Spiel Game Over, und nun entscheidet es sich, ob du dieses Game-Over akzeptierst und es sein lässt oder ob du das Level nochmal von vorne spielst, mit dem Wissen der Fehler vom letzten Mal, und solange weitermachst, bis das Spiel ein Game-Over akzeptieren muss und du als Sieger hervorgehst.

Was ist zu tun?

Wir dürfen niemals aufgeben und das auf keinem Level. Wir müssen das Leben ein wenig mit einem Spiel vergleichen, in dem wir danach bestrebt sind, immer besser zu werden und uns immer größeren Herausforderungen zu stellen. Stellen wir uns immer nur den gleichen Herausforderungen, wird es langweilig und wir werden unaufmerksam, sprich müde, und dann werden wir in einem Moment, in dem wir es nicht erwarten, niedergeschlagen. Darum sollten wir jede Herausforderung ernst nehmen und uns immer wieder neuen und schwereren Herausforderungen stellen.

Oder kurz:

- Stelle dich immer schwereren Herausforderungen

- Wachse konstant und werde immer besser

- Sei danach bestrebt, immer besser und stärker zu werden

- Gib nie, nie, nie, niemals auf

- Akzeptiere nie ein Game Over

- Werde nie unaufmerksam

- Akzeptiere, dass es verschiedene Level gibt

- Bezwinge deine Ängste und lasse nicht zu, dass sie größer werden und immer mehr Besitz von dir ergreifen

- Hole dir Hilfe, wenn du nicht weiterkommst, eigne dir weitere Fähigkeiten an oder bessere diese auf

- Nutze dein Umfeld und das, was dir das Leben zur Verfügung stellt, um das Spiel zu überstehen

- Werde dir bewusst, dass es nicht nur ein Spiel gibt, es gibt ein großes Leben mit verschiedenen kleinen Minispielen drinnen

Praxis:

1. Schreibe dir auf, welche Herausforderungen sich dir momentan im Leben stellen und begründe, weshalb dies Herausforderungen für dich sind.

2. Überlege dir weiter, wie du diese besser bestehen kannst, z.B. durch Hilfe anderer Menschen oder Schauen eines Tutorials auf YouTube.

3. Stelle dich deiner nächsten großen Herausforderung. Solltest du keine haben, dann setze dir eine.

8. Das Gesetz der Harmonie

Krankheiten und Probleme sind nichts anderes als Disharmonie, das bedeutet, dass etwas nicht im Einklang ist.

Was heißt das?

Krankheiten beispielsweise können nur dann entstehen, wenn sich etwas nicht im Gleichgewicht befindet. Wollen wir, dass sie wieder verschwindet, dann müssen wir dafür sorgen, dass diese Harmonie wiederhergestellt wird. Auch Allergien sind nichts anderes als Disharmonien. Trainieren wir nur die Brust und nicht den Rücken, dann bekommen wir einen Buckel, weil die Muskeln der Brust uns nach vorne ziehen, ohne dass der Rücken dies ausgleichen könnte.

Sind wir im Leben zu gestresst, dann müssen wir mal einen Gang zurückschalten, damit kein Organ krank wird oder unser Körper auf sonst eine Weise leiden muss. Und Medizin oder das Herausoperieren stellt die Harmonie auch nicht wieder her.

Wir brauchen Bewegung, aber auch mal Ruhe.

Was ist zu tun?

Wir müssen in Harmonie mit uns und anderen leben. Und auch immer dafür sorgen, dass wir auch ausreichend ausgeglichen sind, so dass keine Dysbalancen aufkommen können.

Stellt sich ein Problem oder eine Krankheit ein, dann sollten wir uns fragen, wie diese(s) entstehen konnte und wie wir die Harmonie wiederherstellen können, sodass die Disharmonien wieder von allein verschwinden.

Schaue dir hierzu auch am besten diesen lustigen und gut vorgetragenen Vortrag bis zum Ende an→ Vortrag Die Ursache aller Probleme und Krankheiten (https://www.youtube.com/watch?v=JvAoJIXQL Us).

Sehr zu empfehlen sind hier auch die nachfolgenden Bücher:

1. Ein neuer Anfang von Esther und Jerry Hicks (https://amzn.to/2JYbD8l)
2. Das Lebensspiel von Florence Scovel Shinn (https://amzn.to/32v9304)
3. Befreie dich selbst von Matthias A. Exl
4. The Secret von Rhonda Byrne (https://amzn.to/32ndji3)
5. Gespräche mit Gott Band 1 bis 3 von Neale Donald Walsch (https://amzn.to/2OdTcxs)
6. Die Erfolgsgeheimnisse der Millionäre von Olaf Huth (https://amzn.to/2WT9Wyz)

7. Alles was du willst - Die universellen Erwerbsregeln für ein erfülltes Leben (https://amzn.to/2rfikMO)

Praxis:

1. Schaue dir den oben verlinkten Vortrag an.

2. Nimm dir ab sofort vor, dir mindestens 1 Stunde in der Woche Zeit nur für dich und zur Entspannung zu nehmen. Wie wäre es mit einem Saunabesuch?

3. Solltest du aktuell mit Krankheiten zu kämpfen haben, dann frage dich, wie du diese durch Wiederherstellung der Harmonie heilen kannst.

Idee 17 - Investiere in deinen Wert

Nun fragst du dich bestimmt, welche Werte dies betrifft, zum Beispiel deinen Wert in beruflicher Hinsicht? Oder in welcher Hinsicht kann das sonst gemeint sein?

Hier meine ich, dass du deinen Wert erhöhst, indem du dich A stetig weiterbildest und B dich dadurch wertvoller machst. Du investierst hier also Zeit, Geld und Energie in dich selbst. Dabei solltest du dich zuallererst einmal fragen, was denn überhaupt als Wert gilt. Genau das will ich dir in diesem Kapitel aufzeigen. Hierbei geht es um deinen Wert im Allgemeinen.

Diesen teilen wir im folgenden Schritt zunächst einmal in Kategorien ein.

- Charisma
- Fähigkeiten und Talente
- Körper
- Wissens- und Erfahrungsschatz

Vier Kategorien gibt es also, die wir nun im Einzelnen durchgehen und schauen, wie wir hier am besten investieren können, um eine Wertsteigerung zu erzielen.

1. Charisma:

- Fortan dein Gegenüber mit Namen ansprechen, wir mögen es nämlich, beim Namen genannt zu werden. Eine Investition wäre es hier demnach, in Wissen zu investieren, damit man sich Namen besser merken kann.
- Viel Lächeln. Hier besteht die Investition darin, dies regelmäßig zu üben bzw. sich einen Reminder zu setzen: z.B. immer, wenn du etwas Grünes siehst, soll es dich daran erinnern zu lächeln.
- Den anderen stets in einem guten Licht erscheinen lassen, und wenn du etwas willst, lasse es so wirken, als wäre es seine Idee gewesen. Hier investierst du Zeit und Energie, indem du dies stetig übst, um es dir zu verinnerlichen.
- Habe stets gute Geschichten auf Lager, wir Menschen lieben es, Geschichten erzählt zu bekommen. Hierzu investierst du einfach Zeit in das Lesen von Geschichten, Weiterbildung im Storytelling die bleiben dann von allein im Gedächtnis. Sehr zu empfehlen ist hier auch die Seite http://www.engelbrecht-media.de/s_weisheitsgeschichten.html

- Unterhalte dich mehr über die Interessen deines Gegenübers. Ich denke mal, du gibst mir Recht, wenn ich behaupte, dass wir es lieben, uns über unsere Interessen zu unterhalten, welche uns faszinieren. Am besten geht dies natürlich, wenn zwei Menschen die gleichen Interessen haben, über die sie sich unterhalten können. Hier erfordert es zum einen Zeit, zum anderen auch Energie.
- Höre mehr zu, als du sprichst. Der Dalai Lama sagte einmal, wenn wir reden, dann wiederholen wir nur unsere Gedanken, was wir also schon wissen, wenn man dagegen zuhört, kann man wohl möglicherweise etwas Neues dazulernen.
- Rede hinter dem Rücken anderer Menschen nur gut über sie. Erfolgreiche Menschen unterhalten sich über Ideen, Erfolglose dagegen über andere Menschen in Form von Lästereien. Darum sei schlau und lästere nicht über andere, denn solch eine Gewohnheit könnte schnell die Runde machen, und wer mit dem einen über den anderen lästert, über den wird auch mit anderen gelästert.

Sagst du hingegen Gutes über eine andere Person, fällt es positiv auf dich zurück, sollte dies einmal rauskommen. Ein Investment also in Form von Energie und Zeit.

- Sei kein Besserwisser und hänge es nicht so an die große Glocke, solltest du mal andere übertrumpfen, denn überlege einmal, wie du dich in solch einem Moment fühlen würdest? Wir Menschen speichern primär die Gefühle ab, welche wir empfunden haben, während wir mit einer Person Zeit verbrachten. Damit dich die Leute regelrecht lieben, ist es deine Aufgabe, dafür zu sorgen, dass diese stets ein gutes Gefühl haben, wenn sie mit dir Zeit verbringen. Andere zu übertrumpfen sorgt eher für ein schlechtes Gefühl. Investiere hier also viel Energie, um dich hieran zu halten.
- Bereite kleine Freuden und Geschenke als Symbol, dass du an die andere Person gedacht hast. Das kann zum Beispiel eine Blume, eine kleine Figur, ein Kuchen, eine Einladung oder ein netter Text sein, welchen du verschickst. Investiere hier in Form von Geld, Energie und Zeit.

- Wenn dir etwas an der anderen Person gefällt, sei es eine Fähigkeit, ein Kleidungsstück, ein Charakterzug oder ein Körpermerkmal, dann sag es ihr, sie wird sich garantiert freuen. Ich meine, wer würde sich nicht über ein Kompliment freuen? Investiere hier also wiederum in Form von Energie.
- Schenke Vertrauen. Wer Vertrauen sät, der wird auch Vertrauen ernten und dadurch Sachen erzählt bekommen, welche die Person wahrscheinlich noch nicht einmal der besten Freundin anvertraut hat. Öffne dich, dann wird sich dir geöffnet werden.
- Frage um Rat. Auch hierdurch wirst du wieder für ein besseres Gefühl bei der anderen Person sorgen, denn wir Menschen lieben es, gebraucht zu werden, und wenn wir uns an die andere Person wenden, weil wir bei etwas ihre Hilfe brauchen (ob das nun stimmt oder nicht…), dann fühlt sie sich auch bestätigt und es wird ihr Selbstwertgefühl steigern, sowie ihrem Ego schmeicheln. Hier investierst du somit in Form von Energie und Zeit.

- Stelle die richtigen Fragen. Fragen sind regelrechte Türöffner. Ein guter Gesprächspartner übernimmt immer nur einen kleinen Teil am Gespräch und diesen füllt er hauptsächlich mit Fragen, welche Interesse signalisieren und das Gespräch in die gewünschte Richtung lenken. Investiere hier wiederum in Form von Zeit und Energie.
- Spiegel oft den anderen Menschen. Wir lieben Menschen, mit denen wir etwas gemeinsam haben und das weiß auch unser Unterbewusstsein. Wenn wir also unterbewusst merken, dass die andere Person die gleiche Position einnimmt wie wir, dann ist das ein Zeichen von Sympathie. Dieses Zeichen können wir jedoch auch ganz leicht selbst inszenieren, indem wir es künstlich hervorrufen. Investiere hier also wieder mit Energie.
- Interessiere dich aufrichtig für den anderen Menschen. Interesse zeigen wir am besten, indem wir möglichst viel über die andere Person erfahren wollen und das funktioniert am besten wieder über Fragen. Frag also z.B., ob das Gegenüber eine besondere Story mit einem bestimmten Kleidungsstück verbindet. Investiere hier somit in Form von Energie.

- Empfiehl die andere Person weiter, lass sie an deinem Freundeskreis teilhaben und connecte sie vor allem mit Menschen weiter, welche die Ziele dieser Person unterstützen könnten. Das wird leider nicht so oft gemacht, was wirklich schade ist, denn nicht nur, dass es sehr sympathisch wirkt, es verändert auch das Leben der anderen Personen maßgeblich. Hörst du z.B., dass ein Freund gerade unbedingt einen Klempner braucht, dann schicke ihm die Nummer eines Klempners, welchen du ihn rausgesucht hast oder besser, solltest du einen Klempner kennen, gib deinem Freund die Nummer von diesem und beide werden sich freuen. Investiere hier in Form deines Netzwerks, Zeit und Energie.
- Verbringe hauptsächlich nur spannende Momente mit deinen Freunden, denn dies bleibt gut in Erinnerung und hebt dich von über 90% der anderen ab. Hier ist natürlich Geld, Energie und Zeit notwendig.

- Zeige stets viel Verständnis für die andere Person. Sollte ihr also mal ein Fehler passieren, sieh es als nicht so schlimm an, die Person hat sich bereits durch ihr schlechtes Gewissen bestraft, und zudem ist dir bestimmt auch schon mal der eine oder andere Fehler passiert. Hier erfordert es viel Energie als Investition.

Praxis:

1. Gehe nun jeden einzelnen dieser Punkte durch und setze ihn, soweit möglich mindestens 3 Mal bei anderen Menschen um.

2. Lasse nun die gemachte Erfahrung Revue passieren und frage dich, ob sie dir dienlich war oder nicht.

3. Setze dir einen Reminder, um dich daran zu erinnern, diese Punkte öfters durchzugehen und anzuwenden, damit sie dir ins Blut übergehen.

2. Fähigkeiten und Talente:

- Gut Geschichten erzählen können. Wie ich eingangs sagte, lieben wir Menschen es, Geschichten erzählt zu bekommen. Jedoch sollten diese auch gut erzählt werden können, um ihre volle Wirkung zu erzielen. Hierbei geht es vor allem um Pausen, Betonungen und Stimme verstellen. Eine Investition findet hier vor allem in Form von Zeit statt, schaue dir hierzu einfach Stories von guten Geschichtenerzählern auf YouTube an und übe dich darin, indem du es so nachahmst.
- Etwas gut erklären können
- Fremdsprachen
- Lerntricks
- Führerschein
- Kraft
- Verkaufen
- Gesundheit (Entgiftung, Nährstoffe, gesunde Ernährung, Sport, Entspannung, etc.)
- Technisches Verständnis
- Lifehacks
- Computerkenntnisse
- Wortschatz
- Outfit

Praxis:

1. Nimm dir eine Fähigkeit vor, welche du weiter ausbauen oder erlernen willst und setze den ersten Schritt dafür um. Zum Beispiel könntest du anfangen, ein Video darüber zu schauen oder dich nach Kursen zu erkundigen.

3. Körper:

- Sport
- Kraft
- Gesundheit
- Outfit
- Aussehen
- Entgiftung

Praxis:

1. Blocke eine Zeit in deinem Kalender, in der du dich mal wieder um deinen Körper kümmern willst und setze dies dann am gewählten Termin um. Wie wäre es z.B. mit einer Entgiftungskur oder einem Fastentag?

4. Wissens- und Erfahrungsschatz:

- Erinnerungen
- Bücher
- Seminare
- Workshops
- Weiterbildungen
- Fremdsprachen
- Zitate und Sprichwörter
- Weisheitsgeschichten

Praxis:

1. Erstelle dir ein Journal, in das du die schönsten Erinnerungen, an die du zurückdenken kannst, hineinschreibst.

2. Finde dein Lieblingszitat/Sprichwort und teile dieses deinen Freunden oder auf deinem Social Media Profil mit.

Idee 18 - Habe Ziele in deinem Leben

Ziele bilden sich stets sowohl aus einem Standpunkt heraus, an dem man sich aktuell befindet, als auch aus einem zukünftigen Standpunkt, welchen man anstrebt und zu dem man gelangen möchte. Dazwischen befindet sich dann stets der Weg.

Ziele lassen somit Wege entstehen, welche man dann gehen kann. Ohne Ziel dagegen würde man sich im Kreis drehen. Auch würde man dann mit Sicherheit nicht da ankommen, wo man aktuell hinwill. Die Frage ist somit, was willst du?

Wer willst du einmal sein, was fühlen, was haben, was erleben oder was können und tun? Die Antworten auf diese Fragen bilden dann deine Ziele. Ziele machen das Leben erst interessant, denn es hat einen Grund, weswegen wir jenes Ziel anstreben und es somit noch nicht erreicht haben.

Dieser Grund nennt sich Herausforderung. Es sind also vorher stets einige Herausforderungen zu meistern, bevor man sein Ziel erreichen kann.

Und genau diese Herausforderungen lassen uns wachsen und machen das Leben zu einem Spiel, denn genau darin bestehen auch Spiele: Ein Standpunkt A, an dem man sich aktuell befindet, ein Standpunkt B, zu dem man hin will und ein Weg voller Herausforderungen, welcher von A nach B führt.

Du wirst merken, dass eigentlich jeder Mensch Ziele in seinem Leben hat, und sollte ein Mensch doch keine haben, dass dieser nicht sonderlich glücklich zu sein scheint. Und dass es nicht nur wichtig ist, Ziele zu haben, sondern auch was für welche? Sind es große oder kleine Ziele, fremde oder eigene, leidenschaftliche, im fremden oder im eigenen Interesse? Das ist hier nämlich entscheidend.

In diesem Kapitel rede ich nämlich nicht von normalen Zielen, sondern von großen Zielen, welche dich fordern und somit wachsen lassen, von leidenschaftlichen Zielen, an denen du am liebsten jede freie Sekunde arbeiten möchtest.

Bist du erst einmal auf dem Weg zu solchen Zielen, dann wird sich so gut wie alles verändern. Du wirst selbstbewusster und erfahrener werden, neue Menschen in dein Leben ziehen, genauso wie unterstützende Umstände. An sich ist es also genau das gleiche wie bei einer Vision, bloß dass eine Vision größer ist und oft mehrere Ziele beinhaltet.

Setze dir also am besten noch heute deine Ziele, überlege, wie du diese erreichen kannst und dann gehe sie an.

Wie du anhand der ständigen Wiederholung von unterschiedlichen Zielen bemerkt haben dürftest, sind diese unglaublich wichtig für ein erfülltes Leben. So durftest du diese bereits als Visionen, sich für etwas einzusetzen und nun als Ziele, die man sich setzt, in diesem Buch kennenlernen.

Praxis:

1. Schreibe alle Ziele, welche du hast, auf und frage dich, wenn du dich für eines entscheiden müsstest, welches Ziel dann noch übrigbleiben würde.

2. Frage dich, weshalb du dieses Ziel noch nicht erreicht hast und finde Gründe hierfür.

3. Fertige eine Liste von bereits erreichten Zielen in deinem Leben an und begründe, weshalb du diese bereits erreicht hast.

Idee 19 - Versuche nichts zu unterdrücken, sondern heiße es willkommen

Willkommen zu der 19. und somit auch vorletzten Idee in diesem wunderbaren Werk. Hier wirst du erfahren, weshalb du alles dir Mitgegebene willkommen heißen solltest, statt es zu unterdrücken. Mich musst du dir so vorstellen: von Natur aus nur Haut und Knochen, mit lockigem Haar gesegnet, dunkelblond, kreativ denkend mit immer wieder neuen Ideen und mich für so vieles interessierend, außerdem bin ich sehr naturverbunden und komme aus Ostfriesland. Was habe ich natürlich getan? Ich war sehr unglücklich mit diesen mitgegebenen Merkmalen und versuchte sie immer wieder zu unterdrücken.

Meine Locken habe ich einfach unter einem Cappy versteckt, kurzgehalten oder sehr viel Haargel und Haarspray reingetan. Statt sie einfach zuzulassen, so wie ich es heute zum Großteil tue. Schließlich sollte ich doch glücklich darüber sein, wo doch so viele Menschen keine Locken haben und sich welche wünschen.

Aber mir war das egal, ich wollte sie nicht haben. So ist es doch oft, man will immer nur das, was man nicht hat. So wollte auch ich andere Haare haben, Haare welche einfacher zu stylen sind.

Mittlerweile habe ich auch bemerken dürfen, das Locken viel besser zu mir passen, freundlicher aussehen und den Kindern sowie Mitmenschen gefallen, wie ich immer wieder zu hören bekommen darf.

Ein weiteres Merkmal, welches ich immer wieder versucht habe zu unterdrücken, ist die Kunst, einfach nicht zunehmen zu können, und wenn man sich so meine Familie anschaut, scheint das wohl in der Familie zu liegen. Meine Mutter hatte damals alles versucht, damit ich zunehme und ich stand oft unter dem Verdacht, einfach nicht genug zu essen. Na ja, eine ganze Packung Toast mit Nutella als 10jähriger finde ich nicht gerade wenig.

Erst mit 16 Jahren habe ich herausgefunden, dass ich sehr wohl zunehmen kann (wenn auch nicht so schnell wie die anderen Menschen), jedoch nicht durchs Essen (Fett), sondern lediglich und fast ausschließlich an Muskeln (Training). Nachdem ich mich nämlich im Fitnessstudio angemeldet hatte, veränderte sich auch mein Körper.

Bis zu einem Maximalgewicht von 23 kg konnte ich auf meine 55 kg drauf packen.

Jedoch musste ich sehr viel Zeit und Energie in diese Ergebnisse stecken, denn aß ich mal ein paar Tage weniger oder trainierte ein paar Wochen nicht, verschwand auch schnell wieder alles, wie es z.B. jetzt der Fall ist. Es ist fast so, als würde eine Antilope versuchen wollen, ein Gorilla zu werden. Mein Körperbau scheint nicht unbedingt für Muskeln so gut geeignet zu sein, es ist wohl bei mir möglich Muskeln aufzubauen, jedoch halten die Ergebnisse auch nur solange, wie ich stetig weiter mache.

Das neue Handy, was ich in den Händen halte, gehört also mir, jedoch nur solange bis ich es wieder aus der Hand nehme, zumindest so fühlt es sich an. Es gibt jedoch zum Glück Sportarten, bei denen ich viel schneller Ergebnisse erziele, weil sie besser zu meinem Körperbau passen, wie z.B. der Ausdauersport oder Klettersport, sowie Schwimmen. Hätte ich die gleiche Zeit, welche ich nun ins Krafttraining investiert habe, stattdessen in eine dieser Sportarten investiert, dann wäre ich heute viel weiter und hätte wesentlich bessere Ergebnisse vorweisen können.

Einfach, weil ich dann mit dem Strom geschwommen wäre, statt gegen ihn.

Sprich: Gehe ich einer Sportart nach, für die mein Körper nicht so gut ausgestattet ist, gleicht es einer Rolltreppe, welche ich nach oben laufe, die jedoch nach unten fährt - sobald ich einmal stehen bleibe, falle ich ein großes Stück wieder zurück. Ganz anders jedoch z.B. beim Schwimmen, hier gleicht es mindestens einer Treppe, wenn ich nichts tue und einer Rolltreppe, welche nach oben führt, wenn ich etwas tue. Mein Körperbau unterstützt mich hierbei vollkommen.

Auch bei der Kreativität tat ich vollkommen Gegensätzliches und arbeitete sogar mal am Fließband - kann es etwas geben, dass noch weniger Kreativität benötigt?

Heute hingegen lasse ich jede Idee einfach zu und begebe mich gern in den Ideenfluss hinein, sind die Ideen auch noch so komisch. Dadurch erlaube ich meinem Verstand, immer mehr Ideen freizusetzen, und das Leben macht dadurch auch immer mehr Spaß. Auch wenn die Ideen und die Scanner-Eigenschaft, die ich habe (Ich gehöre zu den Menschen, die sich für sehr viele Themen interessieren und sich nicht wirklich entscheiden können.), es mir echt schwer machen, den Fokus zu finden.

Eines ist ganz wichtig und sollte man sich auf jeden Fall merken: Wenn du dich falsch fühlst aufgrund deiner Individualität, dann liegt das nicht an dir, sondern an deinem Ort. Du bist einfach am falschen Ort. Anstatt dich also zu versuchen anzupassen, was dich tagtäglich sehr viel Energie kosten wird, ähnlich einer 10 kg Maske, welche man sich stetig vor das Gesicht halten muss, kann man diesen individuellen Eigenschaften einfach nachgehen und die Umwelt an sich anpassen, statt umgekehrt. Oder was meinst du?

Es ist ähnlich dem Spruch: Entweder du passt deine Träume an dein Gehalt an oder aber du passt dein Gehalt an deine Träume an. Ich zumindest finde zweiteres viel schöner und energetischer. Denn es bringt nichts, irgendetwas an sich zu unterdrücken, denn dies ist immer wieder mit Energieaufwand verbunden. Du wirst es auch nicht lange aushalten können, so oder so wirst du die Maske fallen lassen und dein wahres Gesicht zeigen müssen, genauso ist es auch mit deinen Eigenschaften und Talenten.

Eins kann ich dir nämlich verraten: Es lebt sich viel leichter, seitdem ich mit meinen Talenten und Interessen arbeite, statt dagegen.

Und genau aus diesem Grund habe ich diese wichtige Erkenntnis auch als 19. Idee mit in dieses Buch genommen, weil ich will, dass sie auch dein Leben bereichert. Es gibt einfach zu viele Talente, welche ungenutzt bleiben. Die meisten Menschen leben einfach unter ihrem Potential und messen sich als Schildkröte mit einem Hasen beim Rennen. Eine Schildkröte ist nicht schlechter als ein Hase, sie ist einfach weniger gut im Rennen angepasst als der Hase, jedoch dafür wiederum besser im Schützen ihres Körpers oder im Altwerden. Es ist nicht schlimm, wenn ein Frosch besser schwimmen kann als eine Maus, er ist halt fürs Wasser geboren und die Maus fürs Land. Auch ich musste loslassen vom Training, obwohl ich einen muskulösen und athletischen Körper schon richtig gut fand.

Dies trifft natürlich nur zu, wenn es mir um die Ergebnisse geht. Macht mir oder dir etwas trotzdem Spaß, dann gehe dem natürlich unbedingt weiterhin nach.

Ändere den Weg, aber niemals das Ziel, und ändere niemals deine Talente, sondern lediglich die Art, wie du diese ausleben und entfalten kannst. Wir, und damit meine ich, jeder Mensch, könnte es zu so viel mehr bringen und so viel mehr bieten, wenn er einfach aufhören würde, unter seinem Potenzial zu leben.

Dies funktioniert zum einen nur, wenn wir unsere Stärken nutzen und weiter ausbauen. Bauen wir nämlich dagegen unsere Schwächen weiter aus, dann können wir höchstens durchschnittlich werden, jedoch nicht meisterhaft. Bauen wir unsere Stärken weiter aus, dann können wir zur Meisterschaft aufsteigen.

Jedoch bedarf es, um unser volles Potential zu entfalten, noch dem, was unser Körper, Geist und unsere Seele benötigen. Wir können ein Auto, was mit Sprit fährt, nicht mit 30% Alkohol tanken bzw. mit Wasser.

Hierzu zählt zum einen die Nahrung, als auch geistige Entspannung und das richtige Umfeld z.B. mit vielen Gleichgesinnten. Das wirkt nämlich fast schon wie Dünger auf Blumen. Alles andere wirkt wie ein zusätzlicher Anhänger, welcher uns Geschwindigkeit kostet.

Ich betone nochmal gern: Folge deinen Träumen mit deinen individuellen Fähigkeiten und unterdrücke sie nicht. Und gehe nicht anderen, gegenteiligen Sachen hinterher, das kostet nämlich nur Energie. Was zu deinem Leben gehört, kommt leicht zu dir, wenn die Zeit richtig ist und du die entsprechenden Sachen tust.

Denke immer daran, dass deine Talente, Merkmale und Fähigkeiten wie Hinweisschilder sind, welche dich zu deiner Lebensvision führen werden. Das sind die einzigen sichtbaren bzw. messbaren Hinweise, welche dir mitgegeben wurden, um auch dieses Leben meistern zu können. Gehe ihnen also hinterher.

Praxis:

1. Welche Eigenschaften und Fähigkeiten machen dich aus? Schreibe sie auf.

2. Wie weit gehst du diesen bereits in deinem Leben nach? Erstelle eine Auflistung.

3. Welche Merkmale versuchst du aktuell zu unterdrücken und warum? Finde hierauf Antworten und führe eine Recherche durch, ob nur du diese Eigenschaften schlecht findest.

4. Nimm dir eine deiner Eigenschaften vor, die du bisher immer unterdrückst und überlege, wie dir diese dienlich sein könnte und lasse diese in Zukunft zu.

Idee 20 - Nutze Pareto in deinem Alltag

Vilfredo Pareto (15.07.1848 – 19.08.1923) war ein italienischer Ingenieur, Soziologe und Ökologe, welcher herausfand, dass 20% seiner Fruchtpflanzen 80% der Ernte hervorbrachten und genauso umgekehrt, dass 80% lediglich 20% an Früchten hervorbrachten. Das Ganze kannst du teilweise auf der ganzen Welt beobachten, z.B. das 20% der Menschen, 80% des Geldes besitzen. Für uns ist an dieser Stelle nicht die Geschichte dahinter interessant, sondern wie wir dies in unserem Alltag für uns nutzen können.

Wie schaffe ich es also, mit möglichst wenig Aufwand z.B. in Form von Zeit, möglichst viel zu erreichen. Beim Sport ist dies zum Beispiel ganz gut anwendbar.

Mit allein 3-5 Übungen, mit denen du dich lediglich einen Schritt vom Nichtstun entfernst, hast du schon 80% des Erfolges erreicht, welcher durch Training erreichbar wäre. Diese Übungen sind Kreuzheben, Kniebeugen/Beinpresse, Bankdrücken/Dips, Klimmzüge/LH-Rudern und Schulterdrücken oder einfach nur Clean & Press + Liegestütze und Vorspringen.

Du kannst dich jedoch auch einfach nur auf die nachfolgenden 3 Übungen, wie Schulterdrücken, Latziehen/Klimmzüge und Beinpresse beschränken. So brauchst du lediglich 10 Minuten/Training oder 1,5 - 4h/Monat und erhältst dafür dennoch einen gut durchtrainierten Körper.

Beim Ausdauersport und Abnehmen reichen dann lediglich 4 Minuten aus, um ein High-Intensity-Training namens Tabata zu absolvieren, damit hast du teilweise genauso viel erreicht wie mit 1 Stunde Joggen und sparst dir dadurch sehr viel Zeit, ohne zu stark auf das Resultat verzichten zu müssen.

Nun will ich, ohne zu sehr ins Detail zu gehen, dir ein paar Beispiele nennen. Sollten sie dich interessieren, wirst du durch Eigenrecherche auf jeden Fall fündig werden oder in einem meiner weiteren Bücher, in denen ich mich speziell diesem Thema widmen werde.

Hier findest du also eine Auflistung der zumindest aus meiner Erfahrung effektivsten Techniken, welche den geringstmöglichen Aufwand benötigen.

Lernen:

- Leinöl (roh z.B. im Smoothie/Brei)
- Anderen etwas erklären, was man gerade eben gelernt hat
- Routenmethode/Locimethode (speichert Informationen gehirnfreundlich, sprich in Form eines Bildes, auf einer Route, mit einer festgelegten Reihenfolge ab, eine Route ist alles, was eine festgelegte Reihenfolge hat, wie eine Wegroute, dein Zuhause, eine Geschichte, ein Gedicht, ein Lied, etc.)
- Fasse alle Informationen so kurz wie nur möglich
- Verknüpfe neue Informationen mit Emotionen bzw. vorhandenen Wissen, auch wenn eigentlich kein Zusammenhang bestehen sollte.

Muskelaufbau:

- Grundübungen wie Kreuzheben, Dips, Bankdrücken/Liegestütze, Kniebeugen/Beinpresse, Klimmzüge/Latziehen/Rudern, Clean & Press, Schulterdrücken, etc.)

- Mehr essen als du verbrauchst (so lange die Kalorienzufuhr erhöhen, bis du Muskeln aufbaust, jedoch nicht zu viel Fett)
- Regeneration einhalten (prüfe, wie lange Pause du brauchst, bis du beim nächsten Workout mehr Leistung als beim letzten Mal erbringen kannst)
- Selbstgemachter Weightgainershake (30g gemahlene Nüsse, 300ml Milch/Sojadrink, 15ml Leinöl, 50g Haferflocken/Hafermehl, 1 Banane/30g Kakao) = sehr viele Kalorien in kurzer Zeit und mit wenig Aufwand, die leicht zu konsumieren sind.

Ausdauer und Leistung:

- Tabata/Freeletics (High Intensity Workout für mehr Leistung in schnellstmöglicher Zeit)

Verkaufen:

- Sei von etwas voll und ganz überzeugt, weil du eine richtig tolle Erfahrung mit dem Produkt machen durftest, und teile einfach deine Erfahrungen mit anderen.
- Stelle Fragen, um herauszufinden, was der andere wirklich braucht und gleichzeitig will und biete ihm/ihr dann eine Lösung an und warum du glaubst, dass es die Lösung für sein/ihr Problem sein könnte. Eine gute Technik ist hier Erfolg 4.0: Hier stellst du einfach nur 6 Fragen und hast danach entweder verkauft oder nicht (T-Shirt-Verkauf: 1. Auf einer Skala von 1= total unzufrieden und 10= mega zufrieden, wo befindet sich da dein T-Shirt? 2. Was müsste gegeben sein, damit dieses deutlich Richtung 10 ist? 3. Nur mal angenommen es gäbe ein T-Shirt mit genau diesen Eigenschaften, was würdest du tun? 4. Sicher? 5. Warum? 6. Heißt das also, wenn ich dir genau dieses T-Shirt bieten kann, dass du es mir abkaufen willst/würdest?)
- Den Interessenten wie einen Kunden behandeln, der dieses Produkt, welches gerade verkauft werden soll, bereits gekauft hat.

- Sprich behandle ihn wie einen Kunden statt wie einen Interessenten und gehe einfach davon aus, dass er schon ja dazu gesagt hat. Bei Dienstleistungen kannst du dies am besten tun, indem du dich einfach bereits an die Arbeit machst und schon erste Entwürfe z.B. beim Grafikwesen zeigst. So ist auch die Verbindlichkeit wesentlich höher.

Motivation:

- Die 5-Minuten-Technik: Nimm dir nur 5 Minuten vor, das zu tun, wofür dir gerade die Motivation fehlt.
- Verabrede dich mit anderen Menschen, z.B. bei fehlender Sportmotivation, zum Sport
- Frag dich, was das Schlimmste wäre, was passieren könnte in ein paar Jahren, wenn du nicht hingehst und was das Beste, wenn du regelmäßig hingehst; entscheide dich dann für deine Wunschrealität und verwirkliche diese.

Überzeugen:

- Tu so, als würde die Person bereits die Wunscheigenschaften besitzen, welche du dir von dieser wünschst und behandle sie dementsprechend, wie du es tun würdest, wenn sie diese bereits hätte.
- Finde heraus, was für diese Person gegeben sein müsste, damit sie voll überzeugt von deiner Idee ist und liefere ihr dies dann.

Ernährung:

- Grüner Smoothie (Gemüse, Blattgrün, Leinöl + Obst und Wasser z.B. 60g Feldsalat, 2 Bananen, 3 Karotten, 15ml Leinöl und ca. 150ml Wasser)
- Haferriegel (60g Butter/Kokosfett, 62,5g Weizenkeime, 125g Haferflocken, 1 Banane) - Haferwaffeln (3 Eier + 130g Haferflocken + Salz und Gewürze, alles pürieren und auf einen Teller glattstreichen, anschließend in Riegelform schneiden und in den Kühlschrank stellen).

- Weigthgainershake (30g Haferflocken, 80g gemahlene Nüsse, 30g Marmelade, 400ml Sojadrink, 15ml Leinöl, 15g Moringa, 20g zerkleinerte Sonnenblumenkerne, alles zusammen pürieren und trinken).
- Rohe Pilze mit Hummus (Kalorienarm und sehr sättigend).

Geld verdienen:

- Kurs/Seminar, Comedyshow, Workshop, etc. geben und sein Wissen teilen/die Menschen unterhalten. Je mehr Teilnehmer, desto mehr Geld gibt es. Beispiel: 5€/Teilnehmer sind bei 2h und 10 Teilnehmern ein Stundenumsatz von 50€, bei 20 Teilnehmern schon 100€ und das mit einer Leidenschaft.
- Netzwerk bilden und stetig umhören, was die Menschen für Probleme haben, dafür eine Lösung finden und an der Vermittlung Geld verdienen.

Testosteron:

- Nofap (= keine Pornos und Masturbation, solange es geht)
- Ganzkörperkrafttraining
- Kalt duschen
- Sprints
- Tabata
- Viele gesättigte Fette (Eier, Butter, Kokosfett)

Selbstbewusstsein:

- Erfolgsjournal führen (ein leeres Buch, in das du alles aufschreibst, was dir an diesem Tag gelungen war, worauf du stolz warst, dich weitergebracht hat oder dich freute).
- Vorträge vor anderen Menschen halten.
- Fremde Menschen ansprechen,

Wie du siehst, gibt es viele Möglichkeiten, um mit möglichst wenig Aufwand möglichst viel zu erreichen. Probiere es am besten gleich aus und schaue, welche Informationen du noch hierzu finden konntest.

Praxis:

1. Überlege dir, in welchen Bereichen du mit weniger Zeit mehr erreichen willst und suche nach Möglichkeiten, dies zu verwirklichen.

2. Alternativ: Suche dir hier Methoden aus und setze diese um; konzentriere dich fortan hauptsächlich nur noch auf diese Basics, um deine Ziele in der entsprechenden Kategorie zu erreichen.

Bonus 1 - Grundregeln für einen erfolgreichen Tag

1. Unterteile deinen Tag in Abschnitte und plane diese

Wer nicht weiß, was er will, darf sich nicht wundern, wenn er nirgendwo ankommt und darüber hinaus plötzlich auch Sachen und Erlebnisse in sein Leben lässt, welche er eigentlich nicht wollte. Um diesem Desaster zu entgehen, ist es wichtig, sich einmal die Zeit zu nehmen, um seinen Tag in einzelne Abschnitte zu unterteilen und für jeden Einzelnen festzulegen, wie dieser aussehen soll. So konzentrierst du dich auf das, was du wirklich willst und brauchst deinen Verstand auch nicht mit allem Möglichen überfluten.

Zum Beispiel habe ich diese Übung folgendermaßen gemacht:

Tagesabschnitt:	Gewünschte Eigenschaften:
Nach dem Aufstehen:	• Ausgeschlafen aufwachen • Voller Tatendrang und Freude über den Tag und alles Kommende • Sofort aufstehen können • Morgenritual komplett umgesetzt haben • Voller Liebe und Glück sein
Auf dem Weg zur Arbeit:	• Gute Musik hören • Gute Gerüche • Es warm haben • Problemlos jede Bahn bekommen und Ampel überqueren

	• Neues gelernt haben
Bei der Arbeit (Schulbegleitung):	• Das Kind, welches ich betreue, erhält heute nur Smileys für sein Verhalten und Arbeiten • Alle Kinder freuen sich auf mich • Das Kind bringt gute Leistungen • Das Kind öffnet sich mir • Das Kind will von mir lernen • Angenehme Atmosphäre
Kurs geben:	• Samen in andere säen können • Anerkennung & Wertschätzung bekommen • Firedliche Aura • Viele Teilnehmer • Andere Menschen motivieren können • Inhalt gut überbringen können

| | • Voller Leidenschaft erzählen |
| | • Bildliche Sprache |

So verfahre ich mit jedem einzelnen Tagesabschnitt. Ich gehe diesen in Gedanken kurz durch, bevor dieser Tagesabschnitt dann anbricht, indem ich mir einfach die Frage stelle: "Wie wäre der kommende Tagesabschnitt perfekt?".

Also mache dich nun am besten gleich an diese Aufgabe, bevor du hier weiterliest.

Praxis:

1. Erstelle für deine Tage einmal eine Tabelle, wie du sie oben siehst und plane, wie jeder einzelne Tagesabschnitt sein soll.

2. Setze diese Übung heute bzw. Morgen in die Praxis um, indem du dir stets vor Anbruch des nächsten Tagesabschnitts in Gedanken bewusst vornimmst, wie dieser aussehen soll.

2. Nutze deine Gefühle als Kompass

Deine Gefühle zeigen dir stets an, ob du dich gerade wohlfühlst oder nicht. Nutze sie somit als Richtungsweiser, um stets auf dem Pfad dessen zu bleiben, was dich glücklich macht, denn alles andere raubt dir nur unnötig Energie und könnte deinen Tag in die falsche Richtung lenken. So wie bei Nachrichten, die zu über 90% immer negativ sind und auch negative Gefühle in dir auslösen. Verlasse dann diesen Pfad. Deine Gefühle versuchen dich zu warnen, dass du dich gerade in die falsche Richtung bewegst.

Beispiel:

Stell dir vor, du bist aus irgendeinem Grund heute so richtig voller Energie und Glücksgefühlen. Wenn du nun in diesem Zustand durch den Tag schreitest, dann werden andere Menschen von dir angesteckt werden, denn die Welt wirkt immer wie ein Spiegel deiner Selbst auf dich. Andere werden also dadurch auch gut gelaunt sein, bzw. dich ebenfalls anlächeln und so wirst du noch glücklicher sein und so verstärkt es sich dann noch zusätzlich weiter.

Wenn du hingegen den Tag falsch startest, indem du mit negativen Gefühlen durch den Tag gehst, werden andere schlecht auf dich reagieren, wenn du vorher auch schlecht auf sie, aufgrund deiner Gefühlslage reagiert hast und so verstärkt sich das Ganze auch in diese Richtung immer weiter.

Willst du also glücklich sein, halte dich stets auf der Straße des Glücks auf und bemerke die Geräusche (Gefühle), solltest du mal auf den Randstreifen fahren (diese Straße des Glücks verlassen).

Nun liegt es stets an dir, ob du ab sofort deine Gefühle wie einen Kompass benutzt und dich fern hältst von Situationen und Menschen, welche für schlechte Gefühle in dir sorgen, und dich stattdessen lieber dem zuwendest, was gute Gefühle in dir auslöst.

Praxis:

1. Verbringe einen Tag lang nur in positiver Stimmung, schaue in dein Board der guten Laune rein, solltest du mal schlechte Gefühle verspüren oder denke an alles, wofür du dankbar bist, bis du wieder guter Laune bist. Die Aufgabe ist erst erledigt, wenn du dich einen Tag komplett stets zu guter Laune hingelenkt hast.

2. Lasse den Tag Revue passieren und versuche, so viele Tage wie nur möglich in solcher Art und Weise zu verbringen.

3. Erkenne den Überfluss an

Sei dankbar für alles, was du hast, denn es gab einmal die Zeit, da hattest du all dies noch nicht gehabt und wolltest es haben. Nur weil du es nun hast, braucht es jetzt nicht das sein, was dich nicht mehr glücklich machen kann und wofür du dankbar sein darfst. Das Prinzip ist einfach: Konzentrieren wir uns auf das, was wir haben, sehen wir überall den Überfluss und sind dadurch glücklich.

Schauen wir dagegen ständig auf das, was wir noch nicht haben, sehen wir nur den Mangel und werden so unglücklich und unzufrieden sein.

Es ist einfach ein unbeschreiblich gutes Gefühl, wenn man wieder gelernt hat, sich auch an Kleinigkeiten zu erfreuen und sollte es nur ein Kugelschreiber sein. Stell dir vor, du hättest nun keinen oder es würde niemals einer geschaffen worden sein. Wir leben regelrecht im Wohlstand und Überfluss und dürfen die Chance nutzen, in einem Wohlstandsland zu leben. Denn eines dürfen wir niemals vergessen, für den Großteil der Menschheit sind wir reich. So viele Menschen müssen mit weit weniger auskommen als wir. Lasst uns also jedem Geschenk, welches wir nutzen dürfen, mit tiefer Dankbarkeit begegnen und so wirst du den Tag über nur noch überall Überfluss sehen können und glücklich sein können.

Da wir den Überfluss bereits in einem vorherigen Kapitel behandeln durften, können wir an dieser Stelle auf den Praxisteil verzichten.

4. Konzentriere dich auf das, was du willst

Das, worauf wir uns konzentrieren, wird auch mehr werden. Je stärker wir uns auf etwas konzentrieren, desto stärker wird es auch, wie bei einem Laserstrahl. Am besten wirst du das von Schmerzen her kennen dürfen. Warum sich also ab sofort nicht lieber nur noch auf das konzentrieren, was wir wollen, statt auf das, was wir nicht wollen. Dies gilt sowohl für das Leben im Allgemeinen als auch für Beziehungen.

Im Grunde wollen wir doch Harmonie und uns über Sachen austauschen, für die wir uns interessieren, und mit anderen Menschen übereinstimmen, oder? Dann lasst uns doch auch auf diese gemeinsamen Wünsche konzentrieren und über diese reden, statt stets in anderen Menschen immer nur die Unterschiede, welche uns voneinander trennen, zu sehen. Ständig werden wir in verschiedene Gruppen unterteilt und gegeneinander aufgehetzt - was für eine Energieverschwendung! Lasst uns stattdessen die andere Person so nehmen, wie sie ist, und uns auf die Übereinstimmungen konzentrieren, welche wir mit dieser haben, denn schließlich ist es das, was uns miteinander verbindet.

Allein das Wort Familie verbindet Menschen untereinander, die vielleicht sonst nie etwas miteinander zu tun gehabt hätten.

Und das nur, weil sie miteinander verwandt sind. Diese Verbundenheit kann man auch "künstlich" schaffen, indem wir uns als eine große Familie, z.B. als Familie der Menschen oder der Erdenbewohner sehen.

Sieh deine Mitmenschen darum jetzt einfach als Teil einer großen Familie, welcher ihr gemeinsam angehört, und lasst euch nicht mehr in verschiedene Gruppen unterteilen. Probiere es aus, du wirst von den Ergebnissen überrascht sein, wenn du dich fortan nur noch auf das konzentrierst, was du willst, anstatt auf das, was du nicht willst.

Praxis:

1. Sieh einen Tag lang alle Mitmenschen als deine Verwandten an und beobachte deine Gefühle dabei.

2. Mache eine Liste mit Menschen, welche du nicht magst und finde mindestens 5 Eigenschaften, welche du an ihnen gut findest oder sogar bewunderst.

Du wirst sehen, dass wir immer das sehen, was wir sehen wollen. Das geht auch in umgekehrter Richtung, indem wir uns dazu entscheiden, dass zu sehen, was positiv statt negativ ist.

5. Sieh die Welt, wie du sie dir wünschst

Wäre es nicht wunderbar, wenn in der Welt ein größeres Miteinander herrschen würde, niemand Hunger oder Not zu leiden bräuchte und die Natur, statt verdrängt zu werden, wieder Einzug in unsere Städte bekommen würde? Wenn wir zusammen Großes erreichen, statt uns gegenseitig zu zerstören? Ja, das wäre wunderbar, und auch wenn es das so noch nicht gibt, können wir es uns jedoch vorstellen. Denn wenn wir z.B. davon ausgehen, dass ein Mensch böse ist und ihn auch so behandeln, dann wird er umso wahrscheinlicher auch genauso zu dir sein. Stattdessen lasst uns also stets davon ausgehen, dass die Welt bereits so ist, wie wir sie gerne hätten, denn dann werden wir ganz unterbewusst genau die Sachen tun, welche letztendlich dies verwirklichen würden.

So, als würden wir versuchen eine Kreisfigur in eine Quaderform zu drücken, auch wenn dies anfangs aufgrund der Abweichungen nicht passen würde, so wird sich das nach und nach ändern, wenn entsprechend Druck ausgeübt und beibehalten wird. Der Druck steht für die Kontinuität des Denkens über eine Welt, wie man sie sich wünscht.

Oder lass es uns mit einem Filter vergleichen: Dieser Filter lässt dich die Welt so sehen, wie du sie dir wünschst bzw. zeigt dir mehr von dem, was mit deiner Wunschvorstellung übereinstimmt und weniger von dem, was nicht mit dieser übereinstimmt.

Gehe also immer davon aus, dass alles bereits so ist, wie du es gerne hättest, und es wird sich die Wahrscheinlichkeit drastisch erhöhen, dass es dann auch so sein wird und sich Menschen auch dementsprechend verhalten werden.

Du kannst dir bestimmt vorstellen, wie wunderbar die Welt ist, wenn man sie einmal so sieht, wie sie ist, jedoch gleichzeitig dein Verstand dir auch die Bilder, wie du sie dir wünschst, vor dein inneres Auge zaubert, oder?

Praxis:

1. Stell dir nun einmal die Welt in deinen Gedanken genauso vor, wie du sie dir wünschen würdest.

2. Tu einen Tag lang mal so, als wäre die Welt genauso, wie du sie gerne hättest. Betrachte es wie ein Theater- bzw. Rollenspiel.

6. Freue dich des Lebens und erkenne die Chancen, welche sich dir bieten

Wir sind ständig von so vielen Chancen umgeben, denn nicht nur, dass wir dieses Geschenk des freien Entscheidens und Handelns erhalten haben, wir dürfen zudem auch leben. Ich meine, wer kann schon sagen, ob es nicht sogar mehr geistige als manifestierte Wesen gibt? Dadurch, dass nur 8,71 Mrd. Menschen existieren, ist die Anzahl an verfügbaren Körpern natürlich begrenzt, wir jedoch haben die Chance bekommen, einen dieser Körper nutzen zu dürfen.

Und jeden Tag erhalten wir weitere Chancen, denn jeder Tag trägt das Potenzial in sich, dein Leben zu bereichern, erfolgreich zu werden und zu einer Erinnerung zu werden, an die du gern zurückdenkst.

Es gibt so viele Möglichkeiten zu sterben und nur eine, auf diese Welt zu kommen. Und doch dürfen wir einen weiteren Tag erleben, während andere wieder gehen müssen. Wenn man sich diesem Fakt einmal genauer widmet, versteht man erst, wieviel Glück man überhaupt hat, noch am Leben zu sein oder das Leben noch in vollen Zügen, ohne Einschränkungen durch Krankheit, leben zu dürfen. Wir haben also unfassbares Glück und Chancen zugleich.

Und egal, wo wir gerade im Leben stehen, wir können auch als alleinige Person und selbst als Kind so vieles in dieser Welt bewirken, wenn wir nur wollen, wie vergangene Persönlichkeiten zeigen durften. Unser Leben ist die Summe aus allen Tagen, welche wir gelebt haben und wird maßgeblich durch die Tage geprägt, welche wir auch als Chance angenommen haben.

Entscheide dich darum jeden Tag aufs Neue, auch diesen Tag als Chance anzunehmen und Wundervolles und Großes zu vollbringen.

Genauso, wie du bewusst jeden Tag aufs Neue die Entscheidung treffen darfst, einen Tag in vollen Zügen zu nutzen, so kannst du auch jeden Tag aufs Neue die bewusste Entscheidung fällen, glücklich zu sein. Denn Glück kann nie von außen kommen, es kann immer nur aus unserem Inneren kommen, indem wir die bewusste Entscheidung treffen, glücklich zu sein.

Du entscheidest darüber, ob dich ein Regentropfen erfreut oder verärgert, du selbst gibst den Ereignissen und Sachen Bedeutung und Wert. Somit kannst auch nur du selbst im Inneren bestimmen, was dich glücklich macht und dadurch letztendlich glücklich zu sein. Entscheide dich darum dafür, auch durch Kleinigkeiten glücklich zu sein, freue dich über alles was ist, was du erleben, erfahren und bekommen kannst.

Entscheide dich also ab sofort dafür, jeden Tag als Chance anzunehmen, dich dieses neuen Tages zu erfreuen und fälle im Inneren einfach die Entscheidung glücklich zu sein.

Praxis:

1. Beantworte die Frage, warum der heutige Tag eine Chance ist und wiederhole dies für die nächsten 7 Tage.

2. Nimm dir etwas vollkommen Verständliches, was eigentlich nichts Besonderes für dich ist und entscheide dich dazu, dass dich diese Sache nun glücklich macht. Schreibe hierzu Gründe auf, weshalb es nichts Selbstverständliches ist und warum es dich glücklich macht. Tipp: Als Hilfe kannst du dir mal die Welt komplett ohne diese Sache vorstellen.

7. Sei mit deinen Gedanken in der Gegenwart präsent, während du etwas tust

Was will ich damit sagen? Sagen will ich damit vor allem, dass du nicht stets in der Vergangenheit oder Zukunft mit deinen Gedanken sein solltest, wenn du gerade etwas tust. Das heißt also nicht, dass du nicht von der Zukunft träumen darfst, während du gerade nichts zu tun hast oder dich gerade entspannst.

Es soll jedoch heißen, dass du, wenn du isst nur beim Essen bist, wenn du gehst, nur beim Gehen und wenn du dich mit einer anderen Person unterhältst, dann bist du nur im gegenwärtigen Moment der Unterhaltung.

Viele Menschen springen in ihren Gedanken stets immer weiter, als sie gerade physisch präsent sind. Während sie noch am Essen sind, denken sie bereits darüber nach, was sie danach tun werden. Dies beraubt uns jedoch der vollen Energie und Präsenz im gegenwärtigen Augenblick, und so etwas kann uns stressen. Wenn du nun in Zukunft z.B. am Essen bist, dann genieße einfach diesen Augenblick und sei mit deinen Gedanken und deinem vollen Fokus nur bei diesem Essen und nirgendwo sonst.

Du wirst merken, auch wenn es anfangs etwas schwer sein wird, so sorgt diese Technik für wesentlich entspanntere Tage und weniger Stress.

Praxis:

1. Sei bei deiner nächsten Mahlzeit nur bei dieser, ohne jegliche Ablenkungen, und konzentriere dich voll und ganz auf die Erfahrung des Essens. Konzentriere dich darauf, wie es schmeckt, wie es sich im Mund anfühlt, wie es riecht und wie es aussieht, und genieße es voll und ganz.

2. Mache das gleiche beim Gehen und sei mit den Gedanken nur im gegenwärtigen Moment und dem Gehen an sich, ohne jegliche Ablenkung. Am besten funktioniert dies in Barfußschuhen oder Barfuß und in der Natur.

3. Notiere dir, was dies mit dir machen durfte und welche Erfahrung du hierdurch sammeln durftest.

8. Nehme dich selbst an

Viele Menschen setzen eine große Menge ihrer Energie darauf, möglichst gut in irgendeine Norm zu passen und anderen zu gefallen. Nicht nur, dass dies genauso unnötig ist, wie zum Beispiel das Militär, welches nur gebraucht wird, solange andere es nutzen und somit brauchen. Nein, es bringt niemandem etwas, außer denen, die daran verdienen, wie die Modeindustrien.

Sie reden dir nämlich ein, dass du nichts wert bist, wenn du dich nicht genauso anziehst, wie sie es dir vorschreiben. Und der Großteil der Bevölkerung fällt da sogar noch drauf rein. Jedes Jahr bringen sie dann wieder einen anderen Trend heraus, so dass du dich ihnen stets weiter anpassen und beugen musst. Während du vorher noch "wertvoll" warst, weil du dich genauso gekleidet hast, wie sie es von dir erwarten, so bist du dann auf einmal wieder "wertlos", wenn du nicht gleich wieder mitziehst.

Wir sind jedoch alle gleich viel wert, lediglich im Wert stiften sind wir unterschiedlich, je nachdem was wir bereits wissen, können und in welchem Bereich wir dies dann auch umsetzen.

Du wirst auch nicht Beliebtheit durch Kleidung dir selbst erkaufen können oder aber Anerkennung und Akzeptanz, auch wenn die Modebranche es dir oft so vermittelt. Dies ist nämlich nur möglich, indem du zu dir selbst stehst, dich also so annimmst, wie du bist, dich so akzeptierst und glücklich darüber bist, dass du so bist und nicht alle gleich sind. Dies nennt man dann auch Selbstwertgefühl, weil du dich selbst als wertvoll betrachtest. Selbstvertrauen, weil du dir selbst und deinen Fähigkeiten vertraust und letztendlich Selbstbewusstsein, weil du dir all dessen auch bewusst bist.

Ein Mensch, welcher mit sich selbst im Reinen ist, dem egal ist, was andere Menschen über ihn denken und glücklicher darüber ist, dass er so ist und nicht anders, wird stets besser ankommen als jemand, der dies nicht ist und versucht mit Outfits, welche gerade im Trend sind, dies zu vertuschen. Strahle daher nicht dadurch, dass du dir Mühe gibst, so wie jeder andere zu sein, sondern strahle indem du innerlich sagst, hier bin ich, so bin ich und ich bin glücklich darüber, dass ich so bin. Andere Menschen werden nur dann über dich schlecht denken und dich nicht akzeptieren, wenn du es selbst nicht tust. Du erinnerst dich, die Welt ist wie ein Spiegel deines inneren Selbst.

Und sobald du dies verstanden hast und keine Energie mehr darauf verschwendest, deine Maske möglichst gut und lange aufgesetzt zu lassen und dich anderen anzupassen, wirst du wieder mehr Energie für andere Sachen zur Verfügung haben.

Ich denke so: Andere Menschen interessiert nicht so wirklich, wie ich mich anziehe, solange ich nicht unhygienisch bin, und wenn es sie interessiert und sie dadurch meinen, ich müsste mich irgendeiner Mode anpassen, dann sind es nicht die Menschen, welche ich in meinem Leben haben will und deren Meinung für mich zählt. Das Problem ist dann nicht, dass ich nicht wie jeder angezogen bin, sondern, dass die andere Person einen anderen Menschen nicht so akzeptieren kann, wie er ist und ihn seiner Individualität berauben will.

Praxis:

1. Beantworte die Frage schriftlich, weshalb es wichtig ist, sich so zu kleiden und zu sein, wie man es selbst will, statt wie es z.B. die Modebranche und dadurch auch andere vorschreiben.

2. Beantworte die Frage schriftlich, weshalb es dich viel Energie kostet, dich zu verstellen und so zu sein, wie andere dich gerne hätten, du jedoch nicht bist.

3. Hinterfrage einmal in deinem eigenen Leben, wo du dich selbst verstellst, um anderen zu gefallen.

Beispieltag

1. Morgens wirst du wach und dich erfüllt ein Gefühl von Dankbarkeit, dass du einen weiteren Tag nutzen darfst, und dich überkommt eine Vorfreude für das, was der Tag dir heute wieder bringen wird.

2. Du gehst kurz den Plan in Gedanken durch, welchen du dir für diesen Tagesabschnitt gesetzt hast, mit der Gewissheit, dass es auch genauso kommt.

3. Du gehst deiner gewohnten Morgenroutine nach und ziehst dann das an, was dir gefällt und worin du dich wohlfühlst.

4. Beim Frühstück bist du dann mit deinen Gedanken nur beim Essen genießen und empfindest wieder tiefe Dankbarkeit, denn du hast zu Essen, was auf dieser Erde leider noch keine Selbstverständlichkeit ist.

5. Daraufhin gehst du wieder kurz durch, wie dein weiterer Tag und seine einzelnen Tagesabschnitte verlaufen sollen und machst dich auf den Weg zur Arbeit.

6. Wie du es dir vorgenommen hast, erwischst du jede grüne Ampel, jeden Bus und jede Bahn und kommst dadurch dann genau um die Uhrzeit an, welche du dir vorgenommen hast. Da du dich bewusst dazu entschieden hast, glücklich zu sein, strahlst du dies nach außen hin aus und steckst andere Menschen mit deinem Lächeln an, du gleichst einer Glühlampe in einem dunklen Raum.

7. Dein Tag ist stets von positiven Gefühlen begleitet, Nachrichtensendungen schaust du dir bewusst nicht an, weil du weißt, dass diese meistens nur negativ sind, da diese sich besser verkaufen lassen und sollte mal wirklich etwas Wichtiges sein, wirst du es schon irgendwie erfahren.

8. Auf der Arbeit angekommen bist du voller Tatendrang und Ideen und einfach glücklich, dass du eine Arbeit hast, denn auch dies ist keine Selbstverständlichkeit. Du freust dich über so vieles und bist dankbar darüber. Überall wo du hinschaust, erkennst du den Überfluss, den es zur Genüge gibt.

9. Auf der Arbeit sind alle anderen Arbeitskollegen sehr zuvorkommend und liebevoll zu dir, weil du es genauso von ihnen erwartest und so zu ihnen bist. Du betrachtest sie alle als Teil deiner großen Familie und fühlst dich automatisch mehr mit ihnen verbunden.

10. Während du dich mit anderen Menschen unterhältst, sprecht ihr nur darüber, was euch beide interessiert, und sollte es mal verschiedene Meinungen geben, dann akzeptierst du das und wendest dich lieber wieder Themen zu, wo ihr übereinstimmt. Denn du willst eine andere Person nicht von deiner Meinung überzeugen, solange sie es nicht selber will, denn das würde einer großen Energieverschwendung gleichen.

11. Bei der Arbeit bist du heute richtig produktiv, dadurch, dass du mehr Energie hast, dich wohler fühlst und vor allem es dir so vorgenommen hast.

12. Nach der Arbeit freust du dich schon auf die nächsten Tagesabschnitte, welche noch folgen werden. Wenn du dich umschaust, siehst du auch gleichzeitig die Welt so, wie du sie dir wünschst. Du schaust zu dem Parkplatz und siehst den Parkplatz und gleichzeitig siehst du einen Parkplatz voller Solarstraßenmodule, umgeben von vielen Pflanzen und Menschen, welche sich wunderbar untereinander verstehen.

13. Überall, wo du auch nur hinschaust, überkommt dich wieder eine Dankbarkeit und du bist einfach glücklich, denn es gibt so vieles, worüber du dich freuen darfst, gerade zum Beispiel darfst du ein Lied hören, was du magst.

14. Zuhause angekommen machst du dich dann an deine Projekte, denn du träumst nicht nur von einer besseren Welt, sondern gehst auch ins Tun, damit diese eines Tages einmal Realität werden kann. Diese Projekte geben dir einen zusätzlichen Sinn, lassen dich wachsen und erfüllen dich mit Glücksgefühlen. Denn du weißt, dass du eines Tages die Welt verändert haben wirst.

15. Im weiteren Verlauf gehst du neben dem Essen noch wieder Tätigkeiten nach, welche dir Spaß machen, um dann am Abend den nächsten Tag zu planen und deine Erfolge von Heute zu notieren, damit du von diesen länger profitieren kannst.

16. Glücklich und zufrieden schläfst du dann schließlich ein, mit der Gewissheit, diesen Tag erfolgreich als Chance ergriffen zu haben und genau das getan zu haben und eintreffen zu lassen, wie du es dir auch vorgenommen hast.

Hier hast du hoffentlich durch diesen Beispieltag ein Gefühl bekommen können, wie das Ganze dann später aussehen kann. Ich wünsche dir nun viel Spaß bei deinen ganz eigenen Erfahrungen mit diesen Techniken.
In Liebe Atohi.

Ein Video, das sehr gut dazu passt und dir helfen dürfte, ist nachfolgendes:

https://youtu.be/0g6V92XUnXM

Bonus 2 - Lebensverändernde Videos

Als zweiten Bonus habe ich mir überlegt, dir Links zu lebensverändernden Videos mitzugeben, die es wirklich in sich haben. Ich wünsche viel Spaß beim Schauen, darüber Nachdenken und hoffentlich umsetzen.

Es ist in der Tat wichtig, diese Videos nicht einfach nur zu schauen, sondern wirklich über deren Inhalt nachzudenken und ins Handeln zu kommen. Schaue sie dir darüber hinaus gern mehr als nur einmal an, denn dann kannst du in ihnen immer weitere Informationen wahrnehmen.

1. Wie du Menschen verändern kannst:
   https://youtu.be/TCcTJjLFDE8

2. Das Geheimnis von Erfolg und Reichtum:
   https://youtu.be/0g6V92XUnXM

3. Eine Nachricht an alle Menschen:
   https://youtu.be/lg8aiy8FI6k

4. Das Mädchen, welche die Welt zum Schweigen brachte:
https://youtu.be/epUZRD_LvKo

5. Das Paradox unserer Zeit:
https://youtu.be/8YVne5DkJAM

6. Wie kann man die Welt verändern:
https://youtu.be/gY7lvH6m5TE

7. Selbstversorgung - Der Weg in die Unabhängigkeit:
https://youtu.be/jIVoSpLck9A

8. Der grüne Planet - Der Boykott:
https://youtu.be/xjNuFXmA_Y0

9. Gefangen in der Matrix durch ein einziges Wort:
https://youtu.be/ILzNJz9Pi6Q?list=PLrS6LEBhyXDZDKJBPrKzrrbIgAM1tKd80

10. Ein Leben ohne Limits:
    https://youtu.be/kOdxq9na28Q

11. Die 3 Entscheidungen, die dein Leben
    sofort verändern:
    https://youtu.be/DCWnvpB3myI?list=PLrS
    6LEBhyXDZDKJBPrKzrrbIgAM1tKd80

12. Sonix FX - Bequemlichkeit oder Freiheit:
    https://youtu.be/9VEhobRmbR4?list=PLrS
    6LEBhyXDZDKJBPrKzrrbIgAM1tKd80

13. Weltreise trotz wenig Geld:
    https://youtu.be/3sOLmBQ96sw?list=PLrS
    6LEBhyXDZDKJBPrKzrrbIgAM1tKd80

14. Sonix FX Leben nach deinen
    Vorstellungen:
    https://youtu.be/rM2elj5bdPs?list=PLrS6L
    EBhyXDZDKJBPrKzrrbIgAM1tKd80

15. Sonix FX Fehler:
    https://youtu.be/BPYvFAr69RI?list=PLrS6
    LEBhyXDZDKJBPrKzrrbIgAM1tKd80

16. Sonix FX - Mach dir ein tolles Leben:
    https://youtu.be/YdzN4FgYyGM?list=PLrS
    6LEBhyXDZDKJBPrKzrrbIgAM1tKd80

17. Tobias Beck - Wie Du finanziell frei wirst:
    https://youtu.be/t-
    Z9mvroTFQ?list=PLrS6LEBhyXDZDKJBPrK
    zrrbIgAM1tKd80

18. Tobias Beck - Was ist der Wert des
    Lebens?:
    https://youtu.be/Ar0UIyT50T4?list=PLrS6
    LEBhyXDZDKJBPrKzrrbIgAM1tKd80

19. Sonix FX – Freiheit:
    https://www.youtube.com/watch?v=Jeew-
    UORlKM&list=PLrS6LEBhyXDZDKJBPrKzrrb
    IgAM 1tKd80&index=68

20. Sonix FX – Hinauswachsen:
https://youtu.be/kDEOn0D6lmw?list=PLrS6LEBhyXDZDKJBPrKzrrbIgAM1tKd80

21. Nico Lampe - Die Geldformel:
https://youtu.be/CsuVd2I_SVo?list=PLrS6LEBhyXDZDKJBPrKzrrbIgAM1tKd80

22. Byon - Ein Brief an alle Eltern:
https://youtu.be/145kwZ2O588?list=PLrS6LEBhyXDZDKJBPrKzrrbIgAM1tKd80

23. Geist über Materie:
https://youtu.be/6ToonaJJbRE?list=PLrS6LEBhyXDZDKJBPrKzrrbIgAM1tKd80

Bonus 3 - Buchempfehlungen

Kommen wir nun im Folgenden zu Büchern, die es ebenfalls in sich haben und welche ich jedem Menschen ans Herz legen kann.

1. Ein neuer Anfang - Das Handbuch zum Erschaffen deiner Wirklichkeit **(Top Empfehlung)**

2. Rich Dad, poor Dad - Was die Reichen ihren Kindern über Geld beibringen

3. Die Wissenschaft des Reichwerdens

4. Die Macht ihres Unterbewusstseins - Dr. Joseph Morphy

5. So denken Millionäre - Die Beziehung zwischen Ihrem Kopf und Ihrem Kontostand - T. Harv Ekker

6. Die Kunst des klaren Denkens - 52 Denkfehler, die Sie lieber anderen überlassen

7. Gewaltfreie Kommunikation: Ohne Aggression kommunizieren, die Gefühle anderer Menschen verstehen, Gehör für die eigenen Bedürfnisse finden, weniger Konflikte erzeugen und ein erfüllteres Leben führen.

8. Eine kurze Geschichte der Menschheit

9. Bedingungslose Freiheit

10. Das Anthony Robbins Power Prinzip **(Top Empfehlung)**

11. Cashflow Quadrant - Rich Dad poor Dad

12. Der Weg zur finanziellen Freiheit: die erste Million - Bodo Schäfer

31. Der Hamster verlässt das Rad - Der Weg zur finanziellen Freiheit und Autarkie - wie auch Anfänger online Geld verdienen, Geld richtig anlegen, Vermögen aufbauen und passives Einkommen erzielen!

32. Du bist das Produkt - Erfolgreich verkaufen in 8 Schritten - warum Deine Motivation und Persönlichkeit entscheidend sind (Wenn Sie wüssten, was Sie können)

33. Der geheime Weg zur Freiheit und Erfolg - Wie man den Teufel ins sich selbst besiegt von Napoleon Hill

34. Denke nach und werde reich - Vollversion von Napoleon Hill **(Top Empfehlung)**

35. Das wirkliche Erfolgsgeheimnis von Jungmillionären - Wie ich mit 27 Jahren finanziell unabhängig wurde und auch Sie dieses Ziel erreichen - Es ist einfacher, als Sie denken! von Torben Käselow

36. Gespräche mit Gott Band 1-3 - Neale Donald Walsch **(Top Empfehlung)**

44. <u>Die Weisheit der Lakota - Die Seele heilen. Zum Mensch werden.</u>

45. <u>Wie ich mehr als 1 Million Euro verdient habe: Das letzte Buch, das Sie zum Gesetz der Anziehung lesen werden!</u>

46. <u>The secret - Das Geheimnis</u>

47. <u>Rückkehr zur Lebensweisheit der Lakota</u>

48. <u>Die universellen Gesetze des friedvollen Kriegers</u>

49. <u>Die Schriften von Accra</u>

50. <u>Der reichste Mann von Babylon - Erfolgsgeheimnisse der Antike - Der erste Schritt in die finanzielle Freiheit</u>

51. <u>Alles was du willst - Die universellen Erwerbsregeln für ein erfülltes Leben</u> **(Top Empfehlung)**

Bonus 4 – Lade Geld in dein Leben ein

Dies ist eine weitere Idee, welche ich an dieser Stelle nochmal explizit mit dir teilen will, weil ich auch heute wieder die Erfahrung machen durfte, wie gut sie funktioniert und mein Leben so viel besser gemacht hat.

Die Rede ist hier von gewissen Maßnahmen, welche automatisch für mehr Geld in deinem Leben sorgen werden, sofern du auch diese natürlich wieder anwendest.

1. Der Geldmagnet

Der Geldmagnet ist wirklich unglaublich. Auch wenn ich anfangs Schwierigkeiten hatte, ihn umzusetzen, bin ich nun komplett dazu übergegangen, ihn tatsächlich konsequent umzusetzen, einfach weil es logisch ist, dies zu tun. Hier geht es darum, stets 10% von jeglichen Einnahmen zurückzulegen und niemals anzurühren. Hierdurch wirst du immer reicher, da sich immer mehr Geld ansammeln wird und hier hört auch das Erklärbare auf.

Ich kann nicht wirklich erklären, warum es so ist, doch ich und andere Menschen, denen ich hiervon erzählt habe, durften bereits öfters die Erfahrung machen, dass es funktioniert und ich finde, das ist das Wichtigste. Viele Sachen können wir uns nicht erklären, nutzen sie jedoch trotzdem, warum also nicht auch hier.

Es wird gesagt, dass Geld immer zu Geld kommt, d.h. je mehr Geld du hast, desto mehr Geld erhältst du auch, da Gleiches immer zu Gleichem kommt.

Ich sagte mir früher, dass ich keine 10% zurücklegen kann, da ich doch das Geld brauche. Aber gerade dann sollte man dies erst recht tun, denn obwohl man 10% weglegt und nicht mehr anrühren darf, hat man schlussendlich mehr Geld, als würde man diese 10% nicht zurücklegen. Wie aus Geisterhand ergeben sich mehr Aufträge oder erhält man plötzlich Geld aus dem Nichts. Aus wirklich unvorhergesehenen Quellen.

Manchmal kann ich mir noch nicht einmal erklären, weshalb ich gerade Summe X überwiesen bekommen habe, so auch heute wieder. Und es stimmt: Wenn wir uns einmal die Gemeinsamkeiten der Reichen anschauen, sehen wir, dass Sparen absolut dazugehört.

Und das Einzige, was du hierzu tun musst, ist, einfach nur immer 10% von allen Einnahmen (am besten direkt nach dem Erhalt) auf ein Extrakonto zu überweisen und so zu tun, als würde dir dieses Geld nicht mehr gehören und du somit nicht mehr darauf zurückgreifen kannst.

2. Spenden

Wer etwas erhalten will, muss immer erst gegeben haben, denn wenn Niemand gibt, kann auch Niemand erhalten. Auch wenn man Geld somit abgibt und demnach eigentlich weniger haben müsste, hat man letztendlich mehr Geld. Dies kann 3 Gründe haben, zumindest die, die mir gerade einfallen. Dabei sind alle 3 auf der Grundlage des Gesetzes der Affinität begründet:

Erstens, wer gibt, fühlt sich besser und wer sich gut fühlt, bekommt auch mehr gute Gefühle. Zum zweiten lässt man Geld fließen und zeigt drittens, dass man genug hat und im Überfluss lebt, denn ansonsten könnte man schließlich kein Geld abgeben. Dadurch kommt dann noch mehr Fülle in das Leben.

Gib, was du selbst erhalten willst, denn wenn du gibst, lebst du in Fülle und wenn du in Fülle lebst, wird mehr Fülle in dein Leben kommen.

Probiere es am besten selbst einmal aus.
Damals, wo ich kein Geld dafür hatte, zumindest
dachte ich so, ging ich Blut Spenden und
spendete dann einfach das Geld, welches ich
hierfür erhielt.

Praxis:

1. Spende einen Teil deines Geldes.
   Erkundige dich hierzu über verschiedene
   Vereine und wähle den aus, der deinen
   Vorstellungen am meisten entspricht und
   wo das gespendete Geld auch wirklich
   ankommt.

3. Marketing

Eine weitere Möglichkeit, um mehr Geld in sein
Leben zu lassen, ist Marketing. Denn dein
Produkt, was auch durchaus deine Fähigkeiten
sein können, nützen dir und allen anderen
überhaupt nichts, wenn niemand von diesen
erfährt. Darum ist Marketing auch die
sinnvollste Ausgabe, selbst wenn es dir einmal
finanziell schlecht gehen sollte. Denn ohne
Marketing sinkt die Wahrscheinlichkeit, dass es
dir finanziell wieder besser gehen könnte, rapide
nach unten.

Je mehr Menschen wissen, welchen Nutzen du ihnen bringen kannst, umso besser. Nicht die Produkte, welche am besten sind und am meisten bieten, sondern die, welche am bekanntesten sind, sind auch die verbreitetsten und werden am meisten gekauft.

Solltest du also einmal mehr Geld verdienen wollen, dann überlege, welchen Wert du anderen geben kannst, formuliere eine Anzeige, aus der der Nutzen klar erkennbar ist und verbreite diese, wo es nur geht. Nutze die schwarzen Bretter, nutze Facebook-Gruppen und den Facebook-Marketplace, Ebay Kleinanzeigen sowie andere Kleinanzeigen, die Zeitung und Google, sowie Facebook-Werbeanzeigen.

Je mehr Plattformen du nutzt, desto größer ist auch dein Netz und desto mehr Kunden kannst du hierdurch auch generieren.

Ich glaube, dass Geldmangel vermeidbar ist, indem man einfach 3 Schritte befolgt.

1. Überlege dir einen Wert oder schaffe einen Wert, indem du dich weiterbildest und zu einem Experten wirst (schaffe ein Produkt).

2. Überlege dir die richtige Zielgruppe (führe eine Marktrecherche durch).
3. Biete der Zielgruppe, welche dein Produkt braucht, bereit ist zu kaufen und genug Geld hat, dein Produkt an (betreibe Marketing).

Jeder dieser 3 Schritte ist wichtig. Jedoch bringt das hier Geschriebene keinen Nutzen, solange du nicht die dazugehörige Aufgabe erledigst.

Praxis:

1. Überlege dir, welchen Wert du hast, für den andere bereit wären, dich zu bezahlen. Wo kennst du dich richtig gut aus? Wo fragen die Leute dich immer um Rat? Was kannst du richtig gut? Welche Möglichkeiten hast du (Fahrzeuge, viel Land, viele Zimmer, etc.)?

2. Sollte dir keiner einfallen, dann ist es an der Zeit, einen zu schaffen. Bilde dich daher in einem Bereich immer weiter, so dass du hierin ein Experte bist und biete dann Kurse über dieses Thema an.

3. Überlege dir, welchen Nutzen andere Menschen von deinen Kenntnissen und Fähigkeiten haben. Keine Eigenschaften. Beispiel: „hat 2000 Watt" ist eine Eigenschaft, „kann selbst dicke Wände problemlos durchbohren" ist wiederum ein Nutzen.

4. Überlege dir, wer am meisten von deinem Nutzen profitieren kann und diesen am besten gebrauchen kann.

5. Erstelle eine Anzeige, in der du die zukünftigen Kunden wissen lässt, welchen Nutzen du anbietest, was ihnen dieser Nutzen bringt und einen Aufruf zum Handeln (Call to action).

6. Verbreite diese Anzeige überall und so oft wie möglich dort, wo sich genau diese Menschen aufhalten.

7. Übertriff die Erwartungen deiner Kunden und gib ihnen immer mehr als versprochen.

8. Frage nach Empfehlungen.

So und nun bist du dran, erstelle mindestens eine Anzeige und verbreite diese mindestens 50 Mal, lasse dich hierzu gerne von anderen erfolgreichen Anzeigen inspirieren. Frag auch unbedingt Menschen, welche du kennst, ob die jemanden kennen, der von deinen Kenntnissen und Fähigkeiten am meisten profitieren kann und diese benötigt.

4. Erhöhe deinen Wert

Du bekommst immer das, was du verlangst und was du als Wert geben kannst. Das heißt, du bekommst maximal das, was du an Wert auch bieten kannst. Darum erhöhe stetig deinen Wert, indem du dich stetig weiterbildest und neue Fähigkeiten erlernst.

Und spezialisiere dich am besten zusätzlich auf eine Nische, in der sich niemand so gut auskennt wie du.

Geld ist nur ein Gutschein für erbrachte Ware und Dienstleistung, sprich ein Wertgutschein. Je mehr Wert du gibst, desto mehr Wert erhältst du in Form eines Scheines auch zurück.

Praxis:

1. Deine Aufgabe besteht nun darin, zu recherchieren, wie du deiner Zielgruppe und deinen Kunden einen noch höheren Wert liefern kannst. Nachdem dies erledigt ist, setze dich daran, diesen Wert deinen Kunden auch bieten zu können und biete ihnen diesen an.

5. Lerne viele Menschen kennen und erhöhe dein „Vitamin B"

Je mehr Menschen du kennst, desto größer ist auch dein Netzwerk und desto mehr Vitamin B (Beziehungen) hast du auch. Zusammen kommen wir stets weiter, und wenn du eine Person in einer bestimmten Position kennst, kommst du stets weiter als mit reiner Qualifikation.

Auch ist es einfacher, eine Person, welche Experte in einem Bereich ist, in dem du gerade Rat brauchst, kurz zu fragen, anstatt ein ganzes Buch darüber lesen zu müssen.

Du kannst somit nie zu viele Menschen kennen, da sie dir stets dienlich sein können. Wichtig ist jedoch, darauf zu achten, auch diesen etwas bieten zu können und ihnen zur Verfügung zu stehen, gerade wenn es sich um langfristige Beziehungen handelt.

Wichtig ist somit, nicht nur zu nehmen, sondern sich gegenseitig zu unterstützen, zu ergänzen und so ein großes Netzwerk bzw. eine Familie zu bilden.

Ich durfte auch irgendwo mal lesen, dass alle Menschen über 11 Ecken miteinander connectet sind.

Auch Henry Ford sagte einmal, dass es nicht wichtig ist, alles selbst zu wissen, sondern nur zu wissen, woher man die benötigten Informationen bekommen kann. Durch deine bestehenden Kontakte kannst du wiederum deren Kontakte kennenlernen und so dein Netzwerk immer größer weben.

Welche Methoden gibt es nun jedoch, um A interessant für andere Menschen zu sein und B diese dann auch kennenzulernen?

1. Meetups: Hier findest du stets eine große Auswahl an Kursen, Events und mehr, welche gerade in deiner Stadt stattfinden, auch kannst du hier eigene Gruppen und Veranstaltungen erstellen. Zu empfehlen ist hier besonders die Seite https://www.Meetup.com.

2. Seminare, Workshops und Kurse: Jeder Mensch, welcher mehr aus sich selbst herausholen will, bildet sich auf irgendeine Art weiter, warum also nicht einfach selbst dorthin gehen und neben den Netzwerken zusätzlich noch neue Kontakte knüpfen. Hier kannst du gezielt durch die Auswahl des Seminars auswählen, auf was für Menschen du treffen willst, und der Gesprächseinstieg ist ebenfalls recht einfach gestaltet aufgrund der gemeinsamen Freizeitaktivität/des Seminars. Gemeinsame Interessen verbinden schließlich Menschen miteinander.

3. Auf Geburtstagen, Feiern und Partys: Hier hast du leicht die Gelegenheit, die Kontakte deiner Kontakte kennenzulernen. Urteile dabei nie, ob eine Person dir nützlich sein könnte oder nicht, du weißt nie, wohin sich diese weiterentwickeln wird oder wen sie alles kennt bzw. kennenlernt. Auch hier sind die Gesprächseinstiege wieder leicht, indem du einfach z.B. fragst, woher die andere Person euren gemeinsamen Kontakt kennt und was sie an diesem so schätzt.

4. Bekannte/Freunde/Familie der bereits vorhandenen Kontakte

5. Inserate

6. Arbeit: Solltest du dich in den passenden Bereichen auf deiner Arbeit aufhalten, ist es auch hier einfach, neue Menschen kennen zu lernen oder denk daran, was ich dir im 3. Punkt sagte.

7. An den entsprechenden Orten aufhalten: Es ist stets dasselbe, halte dich dort auf, wo du auf die Menschen triffst, welche du kennenlernen willst und komme dann in eine Unterhaltung, dies geht wiederum am besten durch gemeinsame Interessen. Damit die Person dich dann auch in ihren Freundeskreis lässt, ist es am besten, für diese interessant zu werden, indem du deren Probleme lösen kannst, also erkundige dich nach deren Engpässen und helfe so gut es geht. Oder lade diese Person zu etwas ein, jeder mag gerne eingeladen werden. Wie wäre es zu einer Veranstaltung, einem Essen oder zu deiner nächsten Grillparty, welche du mit deinen Freunden veranstaltest. Schließe gezielt Freundschaften, statt es, wie die meisten Menschen, dem Zufall zu überlassen.

8. In der Öffentlichkeit: Eigentlich überall dort, wo du auf andere Menschen triffst. Beachte einfach nur, dass wir stets eine Rolle spielen und in unterschiedlichen Situationen auch in unterschiedlichen Rollen gefangen sind. Deswegen ist es auch wichtig, die erwählte Person so schnell wie möglich in die Rolle eines Freundes schlüpfen zu lassen, indem ihr

euch in der Freizeit mal trefft und etwas zusammen unternehmt.

9. Und selbst in der Öffentlichkeit ist dies möglich, indem du hier mit anderen Menschen ins Gespräch kommst, neben gemeinsamen Interessen klappt dieses auch stets mit Fragen ganz gut.

10. Beim Sport, besonders Golf

11. Durch Facebook und Social Media: Gruppen, Veranstaltungen, Mitgliedersuche und Freunde von Freunden sind hier nur einige der Möglichkeiten, welche z.B. Facebook hier bietet. Das Gute ist, dass du hier bereits im Vorfeld nach Interessen filtern kannst, indem du z.B. gezielt in bestimmten Gruppen suchst. Oder schreibe die Menschen an, welche eine bestimmte Seite geliked haben. Hier hast du dann auch stets einen Grund gleich mitgeliefert bekommen. Es ist erstaunlich, wie offen Menschen sind, wenn sie etwas miteinander verbindet und sich über gemeinsame Interessen unterhalten wird.

Die Möglichkeiten sind hier schier grenzenlos, du brauchst sie bloß zu nutzen.

Praxis:

1. Deine erste Aufgabe ist es nun, deine gesamten Interessen aufzuschreiben, um dir vorab schon mal eine Auflistung zu erstellen mit Themen, über die du dich dann unterhalten kannst und anhand derer du am besten gezielt nach ebensolchen Menschen suchen solltest.

2. Mach dir im nächsten Schritt eine Liste mit Menschen, welche du gerne in deinem Leben hättest bzw. Eigenschaften, welche die Menschen haben sollten.

3. Setze nun im dritten und letzten Schritt um, was du hier gelernt hast, um genau diese Menschen kennenzulernen, lies hierzu am besten diesen 5. Punkt nochmal durch und mache dir Notizen dazu. Solltest du Schwierigkeiten haben, auf fremde Menschen zuzugehen, fange am besten in den sozialen Medien wie Facebook an. Achte stets darauf, dass die Unterhaltungen ein gemeinsames Thema bzw. Interesse enthalten statt nur Smalltalk, und dass es hauptsächlich um die andere Person geht und nicht nur um dich selbst. Wende hier vor allem die

Punkte aus „Idee 17 - Erhöhe deinen Wert" an und was du unter „Charisma" gelernt hast, und du wirst es nun stets leicht haben. Gib der Person dann einen Grund, weshalb sie sich mit dir treffen soll, z.B. eine Veranstaltung, wo es um die gleichen Interessen geht, weil du etwas für zwei gebucht hast und eine(r) abgesprungen ist, oder weil du dessen Fähigkeiten brauchst, jemand für Feedback brauchst wie z.B. Testteilnehmer, oder ihn/sie unbedingt jemandem vorstellen musst, oder weil du eine Party schmeißt und dich freuen würdest, wenn diese Person auch kommt.

6. Genieße ein Leben in Fülle

Wenn du dich dazu entscheidest, dein Leben in Fülle zu verbringen, indem du deinen Fokus von dem Mangel abwendest und stattdessen auf die Fülle richtest, dann wirst du auch immer mehr Fülle in deinem Leben entdecken dürfen.

Und dies machst du am besten, indem du dich auf das konzentrierst, was du bereits im Leben hast, seien es nun Sachen, Chancen, Menschen, positive Gefühle, Fähigkeiten oder was auch immer, und nicht mehr nur auf das schaust, was du nicht hast.

Denn alles, was du nun hast, hattest du einmal nicht gehabt. Früher dachtest du, es wird dich glücklich machen, sobald du es erst einmal haben wirst und nun hast du es und trotzdem redest du dir noch ein, dass du erst X haben musst, um glücklich zu sein. Das ist so, als würde man dem Esel eine Karotte vor den Mund binden, die er jedoch niemals erreichen wird.

Bei uns ist es dasselbe, nur dass die Karotte immer anders aussieht. Das Geheimnis ist hier jedoch, dass wir niemals durch diese Sachen glücklich oder erfüllt sein können, denn das entscheiden wir immer noch selbst. Daher brauchen wir auch nicht immer noch mehr Sachen, denn auch diese werden keinen Unterschied machen, solange wir uns nicht zum darüber Glücklichsein entscheiden.

Im Buch "Komm ich erzähl dir eine Geschichte" habe ich eine Kurzgeschichte namens "Der Kreis der 99" gelesen, wo ich ein sehr passendes und schönes Zitat entdecken durfte, was in etwa so ging:

"Was wäre ich glücklich, mit dem, was ich nicht habe".

Dieses sagt aus, dass uns nur das glücklich machen kann, was wir nicht haben, sobald dies jedoch das ist, was wir haben, ist es nicht mehr das, was uns glücklich machen kann. Nicht das Ziel macht uns also glücklich, sondern stets nur der Weg dahin.

Du kannst dich so reich wie noch nie fühlen, wenn du erstmal das bemerkst, was du bereits alles hast und früher noch so ersehnt hattest. Fange an, dankbar für dies alles zu sein und du wirst anfangen, dich unfassbar reich zu fühlen und es dadurch dann auch schließlich zu sein.

Und es stimmt auch, im Vergleich zum Großteil der Menschheit bist du unfassbar reich, oder mangelt es dir aktuell an lebensnotwendigen Sachen?

Warum denken wir immer, dass wir X unbedingt brauchen, wenn wir doch auch ohne sehr gut leben konnten?

Seitdem ich nur noch das habe, was ich auch regelmäßig nutze und brauche, fühle ich mich um so vieles freier und reicher.

Ich habe mehr Sachen, als ich haben will und brauche. Meist verbirgt sich hierhinter entweder eine Manipulation durch die Werbung, wodurch wir dann versuchen, in Sachen unser Glück zu finden oder uns durch sie besser fühlen zu wollen, oder wir haben ein schlechtes Verhältnis zum Geld und wollen es unbewusst unbedingt loswerden, weshalb wir es für Sachen ausgeben, die wir eigentlich gar nicht brauchen.

Hierhinter kann sich z.B. ein Glaubenssatz verbergen, welcher in etwa sagt, dass Geld etwas Schlechtes ist. Doch Geld ist nur ein Werkzeug und an sich neutral, denn ein Messer oder Strom ist doch auch niemals etwas per se Schlechtes, denn ob hiermit etwas Gutes oder Schlechtes getan wird, bestimmt noch immer der Mensch, der es nutzt.

Geld gibt uns nur die Möglichkeit, bestimmte Dinge zu tun, und diese können sowohl gut als auch schlecht sein. Solltest du ein Mensch sein, der den Drang verspürt, sein Geld stets immer wieder auszugeben, dann weißt du, dass du bestimmte Glaubenssätze in dir hast, die dich Geld innerlich ablehnen lassen. Mache also einfach mal den Test und versuche, kein Geld auszugeben, wenn es nicht unbedingt sein muss, sprich keine neuen Anschaffungen zu tätigen.

Es machen dich niemals Sachen wertvoll, sondern immer dein Denken über dich selbst. Du bist, was du denkst, dass du es bist.

Ich brauchte für meinen Geschmack ziemlich lange, um begreifen zu können, wie reich ich eigentlich bin und wie viel ich eigentlich habe, und diese Erkenntnis durfte mein Leben so enorm bereichern. Die Erkenntnis, dass mein Denken und nicht die Sachen mich schließlich glücklich machen und ich selbst entscheide, was mich glücklich macht und was nicht. Es ist einfach nur eine Entscheidung in unserem Kopf, welche wir jederzeit treffen können.

Ich hoffe so sehr, dass ich dich durch dieses Buch auch zu dieser Denkweise bringen kann, solltest du sie nicht sogar bereits besitzen, denn sie ist so bereichernd für unser eigenes Leben und Glück.

Praxis:

1. Deine Aufgabe ist es nun, dich auf das zu konzentrieren, was du bereits hast und dies so lange wie nur möglich beizubehalten. Es ist in Ordnung, wenn du

mal etwas Neues begehren solltest, dann überlege dir kurz, wie du dies in dein Leben holen kannst und lege dies als ein Ziel fest, aber richte danach deinen Fokus wieder auf das, was du bereits hast. Denn sonst wirst du dich nur unnötig unglücklich machen bzw. für unglücklich halten.

2. Mache eine Liste mit allen Sachen, welche du früher unbedingt haben wolltest und nun schließlich besitzt, und notiere daneben die Gründe, welche dich damals dazu bewogen haben, diese Sachen in dein Leben zu holen. Du wirst merken, wie du plötzlich anfangen wirst, diese Sachen wieder mehr zu schätzen und zu sehen, wie du sie gesehen hattest, als du sie noch neu hattest.

3. Mache den Test, ob du Geld ausgibst, weil du etwas damit kompensieren willst, z.B. weil dir die Werbung einredet, dass du X oder Y brauchst, um glücklich zu sein, oder weil du Geld innerlich ablehnst.

4. Frage dich, ob dich die Sachen glücklich machen oder die Entscheidung, dass dich diese Sachen glücklich machen?

7. Dein Einkommen ist das Durchschnittseinkommen der 5 Personen, mit denen du dich am meisten umgibst

Wie wir bereits wissen, beeinflusst uns unser Umfeld enorm, doch dies geht sogar so weit, dass es selbst dein Einkommen beeinflusst. Denn schließlich bestimmen unsere Gedanken, wieviel Geld wir in unserem Leben haben, sie machen einen Menschen entweder reich oder arm, krank oder gesund etc.

Und Gedanken werden schließlich auch gern von anderen Menschen übernommen. Bestimmt durftest du dich hier bereits des Öfteren beobachten, dass du plötzlich Sprechweisen von deinen Freunden übernommen hattest.

Ein sehr wichtiger Schritt, um seinen Geldfluss zu erhöhen, ist daher auch, dich mehr mit Menschen zu umgeben, die weitaus mehr verdienen als du selbst es tust.

Wie du diese Menschen in dein Leben bekommst, durftest du ja bereits mehrmals in diesem Buch erfahren. Also mach dich daran und probiere es einfach mal aus.

Ändere deine Gedanken und du änderst dein Leben. Und da unser Umfeld auch denkt und sich diese Gedanken dann wie in einem Eintopf vermischen, werden sich auch deine Gedanken durch andere Menschen verändern und somit auch schließlich dein Leben.

Stell dir die unterschiedlichen Gedanken einfach einmal wie Geschmacksaromen vor, welche alle dann zusammengemischt werden. Sagen wir einmal, dass Gedanken, welche dein Leben besser machen und bereichern, süß sind und Gedanken, welche dein Leben schlechter machen, bitter sind.

Du wirst dir bestimmt selbst nun die Frage beantworten, wonach der Eintopf dann schmecken wird, wenn du mehr schlechte Gedanken dazugibst und weniger gute.

Je mehr Menschen du in deinem Leben und deinem Umfeld hast, welche positiv über das Leben denken, desto positiver wirst auch du über das Leben denken, genauso natürlich auch umgekehrt. In Bezug auf Geld verhält es sich ebenso.

Praxis:

1. Liste nun einmal die 5 Menschen auf, mit denen du am meisten Zeit verbringst und die dich am meisten beeinflussen.
Schreibe hinter die Person stets deren ungefähren monatlichen Verdienst, deren Denkweise sowie Eigenschaften auf.

2. Rechne nun einmal spaßeshalber den Durchschnittsverdienst dieser Menschen aus, sowie, ob mehr positiv über das Leben gedacht wird oder mehr negativ. Vergleiche dieses Ergebnis nun mit deinem eigenen Verdienst sowie mit deiner Lebenseinstellung.

3. Beantworte die Frage, weshalb es so wichtig ist, dir dein Umfeld gezielt selbst auszusuchen und weshalb du über die Auswahl der Personen in deinem Umfeld dein Leben verändern kannst.

8. Verdiene unabhängig von deiner Zeit Geld

Dies tust du am besten, indem du dich nach Ergebnis statt nach Stunden bezahlen lässt. Zum Beispiel tue ich das gerade, indem ich dieses Buch hier schreibe. Sobald dieses dann fertig ist und Menschen einen sehr hohen Wert geben kann, werde ich natürlich auch entsprechend Wert zurückerhalten.

Einmal habe ich z.B. durch die Vermittlung eines Workshops in nur 5 Minuten 560€ verdient, weil ich mich hier für ein Ergebnis statt für meine Zeit habe bezahlen lassen.

Andernfalls habe ich auch mal nur 5€ in der Stunde als Kind verdient, wo ich mich noch für geleistete Arbeit in Form eines Stundenlohns hatte bezahlen lassen.

Auch kannst du einen Kurs geben, wie du bereits in diesem Buch gelernt hast und wirst hier dann für den Wert, welchen du bietest, multipliziert mit der Anzahl von Teilnehmern bezahlt.

Solange du dich pro Stunde bezahlen lässt, wirst du niemals so viel verdienen können, als wenn du dich je Ergebnis bezahlen lassen würdest. Hier gibt es auch das bekannte Beispiel der Flächen, welche gemäht werden müssen.

Würdest du dich für deine Stunden bezahlen lassen, wärst du beschränkt und müsstest die Rasen alle selbst mähen und könntest hierfür auch nur sehr wenig für bekommen.

Wenn du stattdessen dich für je gemähte Rasenfläche bezahlen lässt, kannst du dies von Menschen machen lassen, welche weniger dafür nehmen, als du dafür erhältst. Oder du könntest einfach mehrere Rasenmäherroboter aufstellen, dich entspannt zurücklehnen und anschließend noch nachbessern.

Und schließlich wollen wir doch nur für eine erbrachte Leistung bezahlen und nicht dafür, dass eine Person einfach nur da gewesen war, oder? Das Problem an dem Bezahlmodell je Stunde bzw. Zeiteinheit ist nämlich, dass du nicht mehr Geld bekommst, wenn du schneller arbeitest oder Methoden entwickelst, um die Arbeit schneller erledigen zu können, während beim Bezahlmodell je geleistetem Ergebnis dies schon zutrifft.

Kommen wir jedoch wieder zurück zum eigentlichen Punkt, nämlich der Bezahlung unabhängig von deiner eigenen Zeit. Dies gelingt am besten durch die Schaffung von Systemen. Jedes Unternehmen ist ein System.

Zum Beispiel könnte ich entweder mich auf die Suche nach Kunden machen, diese überzeugen, etwas verkaufen, dies dann zu ihnen hinschicken usw. oder ich entwerfe ein System, welches dies alles für mich tut, entweder durch Angestellte oder durch Programme, die diese ganzen Schritte dann für mich erledigen.

Ich würde in diesem Beispiel dann die Suche nach Kunden durch eine Werbeanzeige erledigen lassen oder indem ich es auf Plattformen wie Amazon anbiete, wo die Menschen sich hinbegeben, um etwas zu suchen, was sie dann kaufen wollen. Das Überzeugen würde dann ein erstellter Text, ein Video oder ein Chatbot für mich erledigen. Das Hinschicken würde automatisch gehen, entweder weil Amazon sich darum kümmert oder, sollte es sich um einen Download handeln, ich die Datei einmal hochlade und sie dann nach der Bezahlung stets vom Kunden selbst heruntergeladen werden kann.

Nachdem ich dieses System nun einmal aufgesetzt habe, werde ich für die Ergebnisse bezahlt, welche dieses System für mich leistet und habe wieder Zeit, ein nächstes Ergebnis zu schaffen.

Hier haben mir vor allem auch die Beispiele bzw. Parabeln von der Pipeline und von den Hühnern gefallen.

Ich kann mich entweder dazu entscheiden, eine Rohrleitung zu bauen und dadurch das Wasser von A nach B zu bringen oder das Wasser weiterhin in Eimern von A nach B zu schleppen.

Wenn ich mich nach Zeiteinheit bezahlen lasse, dann ist es so, als würde ich die Hühner immer wieder einfangen, anstatt deren Hühnerstall zu reparieren. Ich muss immer wieder Zeit investieren, um die Hühner in den Stall zu bekommen. Während ich stattdessen mir auch einfach mal etwas mehr Zeit nehmen könnte, um den Hühnerstall zu reparieren, die Hühner einmal einzufangen, sodass diese dann auch drinnen bleiben und ich somit langfristig gesehen Zeit spare.

Hier kannst du dir die Parabel der Pipeline auch als Video einmal anschauen:

https://www.youtube.com/watch?v=OGJuSRobT3A

Praxis:

1. Suche Wege, um dich fortan nur noch für das geleistete Ergebnis bezahlen zu lassen, anstatt für die geleisteten Stunden.

2. Überlege dir, wie du dieses Ergebnis unabhängig von deiner Zeit erbringen kannst.

9. Multipliziere deinen Wert (Kurse geben)

Auch wenn wir gerade darauf eingegangen waren, gibt es auch stets die Möglichkeit, nicht nur ein Ergebnis zu liefern oder dies unabhängig von deiner Zeit zu liefern, sondern dieses auch zu multiplizieren, wie es z.B. beim Thema Kurse geben der Fall ist, indem du hier einfach nur für mehr Teilnehmer sorgst.

Oder wenn du z.B. damit Geld verdienst, indem du ein Produkt verkaufst, brauchst du auch hier wieder nur die Anzahl der verkauften Produkte zu erhöhen, um so auch deinen Verdienst schließlich steigern zu können.

Wichtig ist somit, erstmal ein System aufzubauen, womit du Geld verdienst und dieses dann hoch zu skalieren, also einfach alles zu erhöhen, wie die Werbeausgaben, die Platzanzahl usw.

Praxis:

1. Welchen Wert bietest du und mit welchem Wert verdienst du dein Geld? Schreibe diesen Wert bzw. diese Werte nun einmal auf.

2. Überlege dir, wie du deinen Wert, welchen du anbietest, multiplizieren, sprich vermehren kannst und erstelle einen Plan, mit dem du dies dann verwirklichen kannst.

3. Setze deinen Plan um oder terminiere dessen Umsetzung.

Sollte es dir nicht möglich sein, deinen Wert zu multiplizieren oder solltest du aktuell keinen Wert in den Markt bringen, mit dem du Geld verdienst, dann überlege dir einmal, welchen Wert du gerne bieten würdest, wie du diesen anbieten und Geld verdienen kannst.

Achte dabei darauf, dass dieser auch multiplizierbar ist. Multiplizierbar ist dieser, wenn du diesen mehreren Menschen gleichzeitig anbieten kannst, ihn automatisieren kannst oder Menschen einstellen kannst, die diesen dann für dich erledigen, sofern natürlich genug Nachfrage vorhanden ist.

10. Fordere mehr

Du verdienst jedoch nicht nur so viel Geld, wie du auch an Wert bietest und wertvoll bist, sondern auch, wie viel du forderst. Forderst du für deinen angebotenen Wert nämlich zu viel, dann wirst du auch nicht mehr erhalten, auch wenn dieser mehr wert sein sollte.

Es sei denn, du hast einen zahlenden Auftraggeber, der dir unbedingt das geben will, was deine Leistung auch wert ist, was aber eher selten vorkommen dürfte.

Seitdem ich angefangen habe, mehr Geld für meine Arbeit zu verlangen, verdiene ich auch entsprechend mehr Geld. Hierfür ist zumeist jedoch Selbstbewusstsein notwendig und dass du dir deines eigenen Wertes bewusst bist.

Wie du genau dein Selbstbewusstsein aufbaust bzw. stärkst, durftest du ja bereits in diesem Buch lernen. Wie du siehst, hängt fast alles in diesem Buch zusammen und greift ineinander über.

Praxis:

1. Mach dir deinen eigenen Wert bewusst. Schaue wie viel Geld andere für deine Arbeit verlangen und wie viel Geld dein Arbeitgeber letztendlich durch deine geleistete Arbeit zurückerhält. Schreibe zusätzlich auf, warum du und deine Arbeit wertvoll sind und du mehr Geld wert bist, als du aktuell dafür erhältst.

2. Hier geht es gerade um einen Verkauf, denn du willst deinen Auftraggeber bzw. Arbeitgeber davon überzeugen, dass er mehr Geld in dich investieren soll. Hier hilft es dir, ihm zu zeigen, was du bereits alles geleistet hast sowie zusätzlich noch leisten kannst.

Notiere dir diese Leistungen schriftlich, um sie ihm dann in einem Gespräch vorzulegen oder ihn einfach zu fragen, was gegeben sein müsste, bzw. du leisten müsstest, damit er dich noch besser zu bezahlen bereit ist. Vereinbare also ein Gespräch mit diesem.

3. Erstelle eine Stärkenliste, in der du dir notierst, was du besser kannst als andere Menschen bzw. gut kannst, wo dich andere Menschen um Rat fragen oder bewundern und womit du dich sehr gut auskennst.

4. Frage im nächsten Schritt auch die Menschen, welche dich kennen, nach deinen Stärken, wie oben und ergänze diese auf deiner Stärkenliste.

5. Solltest du nun einmal einen neuen Arbeitgeber/Auftraggeber haben, markiere alle deine Stärken, welche für ihn wertvoll sein könnten und lege ihm diese vor, mit der Frage, wie viel diese ihm wert sind. Achte hier darauf, Eigenschaften in Nutzen zu übersetzen. Eine Eigenschaft wäre es

z.B., wenn du dich gut in Technik auskennst, der Nutzen, dass er hierdurch einen Techniker sparen würde, dich nicht weiterbilden bräuchte und du ihm hier mit Rat zur Seite stehen könntest.

6. Sehr ratsam ist es hier auch, erstmal eine hohe Zahl ins Gespräch zu bringen, indem du z.B. sagst "Normalerweise nehme ich hierfür/bekomme ich hierfür X€, aber entscheiden Sie, was es Ihnen wert ist".

11. Führe Buch über deine Ausgaben

Kehren wir nun wieder zu den Methoden zurück, welche dafür sorgen werden, dass du nicht unkontrolliert zu viel Geld ausgibst und deine Ausgaben senkst, ohne auf etwas verzichten zu müssen.

Eine Methode ist hier das Führen eines Haushaltsbuches. Ich selbst nutze hierzu Trello, wo ich dann zum einen meine fixen Ausgaben, also immer wiederkehrenden Ausgaben, welche eine fixe Summe haben, hineinschreibe und die nicht fixen Ausgaben, welche sporadisch entstehen.

Schreibe auch stets deine Einnahmen mit hinein. Empfehlen kann ich dir hier die nachfolgende Einteilung:

1. Einnahmen

2. Außenposten

   - Geliehen

   - Noch nicht bezahlt

   - Noch zu erwartende Rückerstattungen

3. Fixe Ausgaben

4. Nicht fixe Ausgaben

   - Fahrten

   - Verpflegung

   - Post

   - Dienstleistungen

   - Unternehmungen

   - Kinder, Freunde, Familie, etc.

   - Anschaffungen

   - Weiterbildung

   - Spenden

   - Gesundheit

- Sonstiges

Notiere diese am besten auch stets mit einem Datum und liste sie von Monat zu Monat auf. Ich selbst unterteile hierbei noch zusätzlich in private Ausgaben und Firmenausgaben. Hier reicht es jedoch auch, die Firmen- bzw. absetzbaren Ausgaben zu markieren. So erhältst du am Ende des Jahres stets eine gute Übersicht für die Steuererklärung.

Das Haushaltsbuch hilft dir außerdem dabei, dich nicht dadurch zu verschulden, indem du dich verzettelst oder weil du deine Ausgaben nicht kennst. Es ist unglaublich wichtig in Sachen Geld zu wissen, wie viel Geld du monatlich wofür ausgibst.

Praxis:

1. Erstelle dir selbst nun auch ein Haushaltsbuch nach deinen Vorgaben und deinem Geschmack. Dies kannst du entweder digital oder in Form eines Notizbuchs machen.

2. Nimm dir vor, dich mindestens einmal im Monat hinzusetzen und deine Ausgaben zu notieren. Solltest du dies nur einmal im Monat machen, statt nach jeder getätigten Ausgabe, ist es natürlich essentiell, dass du auch alle Belege hierfür aufbewahrst.

12. Mache dich selbstständig

Eine unserer größten Ausgaben ist die Steuer. Hier verbirgt sich somit eines der größten Einsparpotenziale überhaupt. Leider sind die meisten Steuersubventionen und Möglichkeiten, etwas abzusetzen, den Selbstständigen vorenthalten, weshalb es sich auch lohnt, sich selbstständig zu machen.

So brauchst du auch gleichzeitig nicht mehr die Einnahmen mit deinem Arbeitgeber zu teilen und hast mehr Kontrolle.

Als Selbstständiger kannst du z.B. Geschäftsessen bis ca. 65€/Person inkl. Trinkgeld absetzen, melde hierzu einfach nur eine Vertriebstätigkeit als dein Gewerbe an, z.B. Networkmarketing. Außerdem kannst du dein Auto, diverse Versicherungen, Benzinkosten, Internet, Handy und DSL absetzen.

Solltest du z.B. mehr als 17.500€ Umsatz im Jahr machen, bist du Umsatzsteuerpflichtig, das heißt, du kannst dir zusätzlich die Steuern, welche du in Form von Mehrwertsteuer gezahlt hast, zurückholen, sollte die geleistete Steuer diejenige, welche du zahlen sollst, übersteigen.

Auch kannst du zusätzlich je Nacht, die du woanders verbracht hast, nochmals Spesen mit angeben, hier lohnt es sich, sich entsprechend weiterzubilden oder das Gespräch mit einem Steuerprüfer zu suchen.

Als Selbstständiger hast du somit die Möglichkeit, alles Mögliche als Geschäftsausgaben anzugeben und dadurch eine Menge Geld zu sparen.

Praxis:

1. Solltest du dich aktuell in einem Angestelltenverhältnis befinden, erkundige dich bei deinem Arbeitgeber, ob du deinen Job auch auf Rechnung erledigen kannst und wie viel du dann stattdessen erhalten würdest.

2. Rechne dir einmal durch, ob dies für deine individuelle Situation günstiger ist, beachte hierbei, auch die Sozialversicherungen und Urlaubszeiten mit einzuberechnen.

3. Sollte es sich nun lohnen, melde ein Gewerbe an, nachdem du dich dort vor Ort genau darüber erkundigt hast.

4. Solltest du bereits selbstständig sein oder dich nun selbstständig gemacht haben, besorge dir Literatur, um dich besser über die Möglichkeiten der Steuereinsparungen schlau zu machen. Bilde dich hier stetig weiter, für den Anfang dürfte auch eine Recherche in YouTube, bei gutefrage.net, Foren und Blogs ausreichen.

5. Solltest du lieber angestellt bleiben wollen, erkundige dich trotzdem einmal, was du alles absetzen kannst und setze dies bei deiner nächsten Steuererklärung mit ab.

6. Solltest du dich jedoch gern selbstständig machen wollen, um die ganzen Vorteile für dich genießen zu können, dies jedoch bei deinem aktuellen Job nicht möglich sein sollte, erkundige dich, womit du dich stattdessen selbstständig machen kannst. Mein Mentor erzählte mir z.B. mal über Wurstbudenbesitzer, welche 100.000€ im Jahr machen, teilweise sogar pro Monat. Es ist nur wichtig ein Produkt zu haben, was begehrt ist, und dieses den Interessenten an dem richtigen Ort für mehr anzubieten, als es dich letztlich kostet.

14. Mache dir dein Geld zu deinem Sklaven

Eine weitere Möglichkeit, um deinen Cashflow zu erhöhen, ist es, sein Geld für sich arbeiten zu lassen und sich dieses zu seinem eigenen Sklaven zu machen, denn andernfalls macht es dich zu seinem Sklaven.

Entweder du lässt Geld für dich arbeiten oder du musst für Geld arbeiten, um es im Entweder-Oder-Stil einmal auszudrücken.

Um sich das Geld zum Sklaven zu machen, ist im Grunde erst einmal nur eines notwendig, nämlich das Wissen wie, und dann im nächsten Schritt natürlich die Umsetzung des Wie.

Daher anbei einmal einige Möglichkeiten, welche natürlich zur Weiterrecherche einladen und nur als Beispiel dienen sollen:

1. Privatkredite vergeben und dafür Zinsen erhalten.
2. Bank spielen, indem du dir Geld leihst und dafür einen geringeren Zinssatz zahlst, als du dafür erhältst, wenn du selbst einen Privatkredit vergibst.
3. Etwas günstiger mieten, um es dann teurer zu vermieten, z.B. Land, Werbeflächen, Wohnungen, Räume, Baumaschinen, Fahrzeuge etc.
4. Kaufe etwas günstig ein und verkaufe es dann wieder mit Profit. Hier hilft dir Ebay, um herauszufinden, wie viel etwas wert ist.

Gib hierzu einfach den Produktnamen in die Suche ein und klicke beim Suchfilter auf beendete und verkaufte Produkte. Nun kannst du sehen, für wie viel diese sich verkaufen lassen.

5. Verleihe Geld gegen Pfand, dessen Wert den des verliehenen Geldes weit übersteigt und sich notfalls dazu nutzen lässt, um das verliehene Geld + Profit schnell wieder rein zu bekommen.
6. Lege dein Geld an, z.B. in Rohstoffe, Kryptowährungen, Aktien, Fonds, ETF's, Baumplantagen oder Genossenschaften.
7. Bezahle jemanden dafür, dass er ein Produkt für dich verkauft, was dir mehr einbringt, als dieser fürs Verkaufen verlangt, dies brauchen noch nicht einmal eigene Produkte sein, sondern können z.B. auch fremde Produkte über Affiliatemarketing sein. Solange du skalieren kannst und weißt, wie die Abschlussquote des Verkäufers ist und dass diese mehr Geld einbringt als dieser als Provision bzw. fixen Stundensatz fordert, gehst du hier auch kein Verlustrisiko ein.
8. Lasse Ebooks von Ghostwritern erstellen und von Freelancern anschließend vermarkten.

Du brauchst niemals alles selbst können, sondern kannst es auch für dich machen lassen, sofern du dafür bezahlen kannst. Ich hätte dieses Buch z.B. auch nicht selbst schreiben müssen, jedoch ist es mir wichtig, etwas mit diesem Buch bewirken, verändern und verbessern zu können, und es macht mir auch Spaß, Bücher und Texte zu schreiben. Das Gleiche ist natürlich auch mit anderen Produkten bzw. Dienstleistungen möglich und umzusetzen. Beauftrage jemanden, etwas für dich zu erledigen oder zu erstellen, und das günstiger als zu dem Preis, den du dann schließlich dafür bekommst.

9. Investiere mit Geld in deinen Wert, wodurch du dann fortan mehr Geld verlangen kannst. Ein Investment in Wissen bringt immer noch die besten Zinsen.

Ich hoffe, du durftest nun durch diese Beispiele etwas inspiriert werden, und ich kann dir aus der Praxis garantieren, dass diese auch funktionieren.

Praxis:

1. Wähle nun eine für dich passende Methode aus, um dein Geld, fortan für dich arbeiten zu lassen.

2. Betreibe Eigenrecherche zu der auserwählten Methode, indem du dir Videos darüber anschaust und Bücher zum Thema kaufst und liest, bzw. an Kursen teilnimmst.

3. Setze die Methode dann anschließend um und lasse fortan dein Geld durch diese für dich arbeiten.

4. Suche nach weiteren Methoden, um so auf mehrere Pferde als nur auf eines zu setzen.

15. Der Cashflow

Eine Methode, die dem Geldmagneten sehr ähnlich ist, da sie auf einem der geistigen Geldgesetze beruht, ist der Cashflow.

Du kannst dich bestimmt daran erinnern, dass ich in diesem Buch an anderer Stelle schon einmal gesagt habe, dass Geld stets im Fluss gehalten werden soll, da es die Natur von diesem ist, oder?

Hier bedient man sich genau dieses Gesetzes, indem man sich einfach mit einer anderen vertrauenswürdigen Person zusammenschließt. Dadurch werden nicht nur die meisten Konten günstiger, da genug Geld eingeht, sondern es gibt dir auch ein Gefühl, dass dir vermittelt, was es heißt, immer wieder Geld zu erhalten. Anstatt dass immer nur Geld von deinem Konto runter geht, wird ständig Geld auf dein Konto eingehen, dadurch wirst du dich immer reicher fühlen und schließlich genau das manifestieren, nämlich immer weitere Einnahmen.

Zum Beispiel hatte ich mich hier mit 2 Freunden zusammengetan, jeder war mit 500€ dabei, und dann haben wir uns die insgesamt 1.500€ hin und her überwiesen, von Person A zu Person B und von Person B zu Person C.

Plötzlich wird stets Geld auf dein Konto eingehen, und du wirst im Optimalfall sogar eine Benachrichtigung erhalten. Damit wird dann dein Fokus immer wieder auf den Geldeingang, statt wie früher nur auf den Geldausgang gerichtet sein.

Praxis:

1. Suche dir nun eine Person, welcher du vertrauen kannst und die auch genug Geld hierfür hat, und legt eine Summe zusammen, welche ihr euch ab sofort in regelmäßigen Abständen hin und zurück schickt.

2. Alternativ kannst du auch einfach einer Person eine höhere Summe geben bzw. auf ein Extrakonto einzahlen und es dir dann in Stücken zurückzahlen lassen bzw. per Dauerauftrag. Auch dies dürfte den gleichen Effekt haben.

16. Eliminiere deine Ausgaben langfristig

Eine weitere Methode, um mehr Geld zu haben, ist natürlich, einfach weniger Ausgaben zu schaffen, und dies geht am besten, wenn man diese langfristig eliminiert. Daher nachfolgend einige Möglichkeiten, wie du dies schaffen und erreichen kannst.

1. Kaufe ab sofort nur noch Sachen in einer Qualität, welche länger als bis kurz nach der gesetzlichen Gewährleistung halten. Bei langlebiger Kleidung kann ich dir besonders einen Gürtel von der Bundeswehr wärmstens empfehlen:

Dieser lässt sich ohne Löcher zu bohren verstellen, sehr schnell und leicht öffnen und wieder verschließen, bleibt auch verschlossen, kostet lediglich unter 5€ und hält garantiert ein Leben lang. Weg Nummer 1 ist daher auch, dass du kurzfristig gesehen mehr Geld für neue Anschaffungen investierst, um langfristig durch die höhere Qualität eine weitaus größere Menge an Geld einzusparen. Früher habe ich z.B. stets Schuhe für 30€ getragen, welche dann schlussendlich nur etwa 3 Monate gehalten haben; dann habe ich mir selbst einmal Markenschuhe für 100€ gekauft, welche nicht nur qualitativ hochwertiger waren und besser aussahen, sondern auch nach über 5 Jahren noch einsatzfähig sind. Kurzfristig gesehen waren die Schuhe für 30€ günstiger, langfristig gesehen kosten diese jedoch im Vergleich nach 5 Jahren 30€ x 20 (alle 4 Monate ein neues Paar = 20 Paar nach 5 Jahren) = 600€, somit also weitaus mehr.

2. Besorge dir eine Showerloop, somit brauchst du weitaus weniger Stromkosten fürs Duschen und nur noch 10 Liter, egal wie lange du duschst, statt 10 Liter pro Minute.

3. Baue dir dein eigenes Heim, z.B. aus einem Bauwagen, Wohnvan, Blockhütte, Massivhaus, Hobbithole, Earthship, Tinyhouse, etc. Dadurch sparst du langfristig gesehen eine Menge Geld durch die geringen Wohnkosten ein.

4. Besorge dir Windgeneratoren und Solarmodule, um hiermit dann deinen eigenen Strom erzeugen zu können, zumindest größtenteils.

5. Tausche Stromfresser wie Kühlschrank, Gefriertruhe, Backofen und Trockner gegen energiesparendere Modelle aus.

6. Baue dir deine Lebensmittel zum Großteil selbst an, besonders Kartoffeln benötigen fast keine Arbeit, sondern lediglich einen großen Sack mit Erde und ab und zu Wasser.

7. Schaffe dir ein Fahrrad an und nutze ab sofort dieses für kurze Strecken, solltest du noch keines haben oder noch immer das Auto für kurze Strecken nutzen.

Praxis:

1. Schaue nach weiteren Möglichkeiten, indem du einfach alle deine Ausgaben mal durchgehst und stets fragst, wie du diese langfristig vermeiden oder zumindest verringern kannst.

2. Mache eine Liste mit den Sachen, welche dir immer wieder kaputt gehen und suche nach qualitativ hochwertigeren Alternativen, welche langfristig gesehen viel günstiger sind.

17. Möglichkeiten Geld zu sparen

1. Kaufe deine Sachen gebraucht statt immer neu, dies spart nicht nur Geld, sondern schont auch die Umwelt.

2. Vergleiche einmal deinen Strom- und Gasvertrag bei Check24 (https://bit.ly/2m6m1So), achte jedoch dabei darauf, nur welche mit Sofortbonus zu wählen und diese auch nur, sofern du

auch ein Jahr in der Wohnung wohnen bleibst, andernfalls empfiehlt es sich, in der Einstellung besser das Angebot ohne Bonus auszuwählen. Setze dir zusätzlich eine Erinnerung, um 3 Monate vor Ablauf dich daran zu erinnern, wieder einen neuen Anbieter auszuwählen. Mache nicht den Fehler, eine verlängerte Preisgarantie auszuwählen, da die meisten Anbieter nur durch den Bonus günstig sind und sich dieser durch die verlängerte Vertragslaufzeit nicht entsprechend erhöht. Ansonsten kann ich hier besonders Anbieter empfehlen, welche den Namen Stadtwerke enthalten, auch örtlich vertreten sind wie EWE, E-On, Vattenfall, etc. und Grünwelt, Stromio, sowie Eprimo. Abschließen oder vorerst informieren kannst du dich über den nachfolgenden Link → https://bit.ly/2m6m1So

3. Bei den Versicherungen ist die HUK-Coburg, sowie HUK24 bei den KFZ-Versicherungen noch immer am günstigsten. Bei den weiteren Versicherungen empfiehlt sich, verschiedene Angebote durch Finanzdienstleister einzuholen und diese sich gegenseitig toppen zu lassen. Hier rate ich von dem Vergleich übers Internet ab.

4. Für DSL und Handy ist Freenet Mobilfunk mit 0,99€/Tag im Prepaidtarif, welcher täglich kündbar ist und unlimitiertes Highspeed Volumen sowie Allnet-Flat umfasst, am Günstigsten.

5. Auch empfiehlt es sich, die eigenen Kredite umschulden zu lassen, dies lässt sich wiederum am besten über einen unabhängigen Finanzdienstleister erledigen.

6. Als kostenfreies Bankkonto empfehle ich dir die nachfolgenden Onlinebanken: Comdirect, N26, DKB und Ing Diba.

7. Auch bei Amazon kannst du Geld sparen, indem du nicht über ein Appleprodukt bestellst, vorher deinen Browserverlauf löschst und Technikartikel nicht am Wochenende, sowie Kosmetikprodukte nicht am Freitag bestellst.

8. Bei Benzin kannst du Geld sparen, indem du zur günstigsten Zeit tankst, welche aktuell um 18 Uhr ist, während es morgens am teuersten ist. Schwankungen von bis zu 30 Cent ergeben sich so im Laufe des Tages. → https://bit.ly/2mltIEq

9. Mietwagen sind meist günstiger als die meisten Züge, um bei weiten Strecken von A nach B zu kommen, denn diese sind meist schon für insgesamt 1€ zu erhalten und das inkl. Tankfüllung. Hierzu gibt es spezielle Plattformen wie https://flipcar.app/

10. DSL kannst du am besten über Vergleichsportale vergleichen → https://bit.ly/2kJBfg5

11. Obst und Gemüse gibt es bei Lidl, Aldi, Penny und Netto am günstigsten, noch

besser ist es jedoch, den Zwischenhandel zu umgehen, indem du Einkaufsgemeinschaften mit anderen gründest und direkt vom Hersteller deine Lebensmittel beziehst.

12. Bei Flügen empfiehlt es sich, das Datum erstmal offen zu lassen und zu prüfen, wann dieser am günstigsten sind. Webseiten wie https://www.errorfarealerts.com/errorfares, https://www.lturfly.com/, https://www.kayak.de/ , https://www.transfercar.co.nz/ , https://www.urlaubspiraten.de/ und https://www.urlaubstracker.de/ sind hier für Hotels, Flüge und Autos auch stets zu empfehlen.

13. Statt eines Hotels ist Airbnb oder ein Zimmer auf Zeit stets die bessere Wahl.

14. Greife zu Eigenmarken, da diese oft aus der gleichen Fabrik kommen wie die Markenprodukte und günstiger sind.

15. Schaue auch in der Bück- und Reckzone im Supermarktregal nach günstigeren Alternativen nach.

16. Nutze bei Lebensmitteln Dienste wie https://foodsharing.de/ , https://toogoodtogo.de/ und https://Mundraub.org

18. Biete deinen Wert da an, wo du auch am besten dafür bezahlt wirst

Je nachdem, wo du dein Produkt bzw. deinen Wert anbietest, wirst du auch mal besser und mal schlechter dafür bezahlt werden. Es spielt dabei nicht die Rolle, wie viel dein Produkt wirklich wert ist, sondern welchen Wert es der Person, der du es anbietest, in diesem Moment und an diesem Ort bieten kann.

Für Leitungswasser wirst du kaum etwas verlangen können, es sei denn, die andere Person stirbt gerade fast vor Durst und in den nächsten 50 Kilometern gibt es keinen anderen Wasserlieferanten als dich.

Dein Stück Land kann als Parkplatz fast nichts wert sein, wenn jedoch ein Festival in deiner Nähe ist und alle weiteren Plätze bereits ausgebucht sind, kann dieser Platz dir eine Menge Geld einbringen.

Du siehst, das Produkt bleibt hier gleich, das einzige was sich hier ändert ist das Angebot und die Tatsache, dass du es unter anderen Umständen bzw. an einen anderen Ort anbietest.

Für eine seltene Münze wirst du beim Sammler wesentlich mehr Geld bekommen können als beim Recyclinghof. Zweifle also nicht daran, dass dein Produkt nichts wert sein könnte, sondern vielmehr daran, ob du es auch zur richtigen Zeit den richtigen Menschen am richtigen Ort anbietest.

Darum ist es auch so unglaublich wichtig, eine Marktrecherche durchzuführen, sodass du hinterher genau weißt, wo du dein Produkt am besten anbieten solltest, zu welcher Zeit und vor allem wem, um so den größtmöglichen Ertrag erwirtschaften zu können.

Praxis:

1. Frage dich nun, wo du dein Produkt zu dem höchsten Wert anbieten kannst. Überlege hierzu zuallererst, welche

Menschengruppen an diesem am meisten interessiert sind und gleichzeitig auch am meisten dafür zu zahlen bereit und fähig sind. Schaue dann im nächsten Schritt, wo du genau auf diese Menschengruppen am besten treffen kannst und im letzten Schritt, wann sie dein Produkt am meisten brauchen und wollen. Biete also keine Ventilatoren beispielsweise im Winter an.

19. Budgetierung

Eine weitere Sparmaßnahme ist es, sich förmlich arm zu rechnen, indem man die ansonsten ausgeblendeten Ausgaben sichtbar macht. Sie sind da, doch meistens treffen sie uns unerwartet, wobei dies natürlich vorhersehbar wäre, wenn wir an diese denken würden.

Nehmen wir als Beispiel unser Handy: Nach einigen Jahren brauchen wir immer ein neues und dieses kostet dann auch nicht gerade wenig.

Wenn wir wissen, dass wir in 3 Jahren wieder ein neues bräuchten, könnten wir uns darauf vorbereiten, indem wir die Gesamtsumme, die dieses kostet durch 3 x 12 Monate teilen und diesen errechneten Betrag dann uns vornehmen, ab sofort zu sparen.

Nehmen wir an, wir holen uns alle 3 Jahre für 500€ ein neues Handy, dann wären das pro Monat 13,89€, die wir hierfür zurücklegen müssen. Das Ganze wenden wir nun auch bei allen weiteren möglichen Ausgaben an, auch bei diesen, welche z.B. nur einmal im Jahr anfallen, wie Geburtstagsgeschenke, bestimmte Versicherungsbeträge oder KFZ-Steuern.

Praxis:

1. Wende diese Budgetierung nun bei allen nachfolgenden Ausgabenposten an und errechne dir deine wirklichen monatlichen Ausgaben. Prüfe hierzu einfach, wie viel die Ausgabe kostet und wie viel dies auf einen Monat runtergerechnet bedeuten würde.

- Alle Versicherungsbeträge

- Alle jährlich anfallenden Geburtstagsgeschenke

- Alle jährlich anfallenden Weihnachtsgeschenke

- Weitere Geschenke, wie z.B. für Hochzeiten und Hochzeitstage

- KFZ-Steuern

- Reifen- und Ölwechsel

- TÜV-Gebühren

- Mitgliedschaften

- Wartungskosten

- Internetdomains

- Neue Waschmaschine

- Neuer Kühlschrank/Gefriertruhe

- Neues Handy

- Neues Auto/Reparaturen

- Neue Kopfhörer

- Neue Möbel

- Renovierungen

- Neue Kleidung

- Neues Bett/Matratze

- Neue Haushalts- oder Putzgeräte

- Arzt- und Medikamentenkosten

- Bankgebühren

- Nebenkostenabrechnung

- Glühbirnen

- Regelmäßige Fahrtkosten

- Geschenke an Familienmitglieder

- Tiersteuern/-arztkosten/-versicherungen

- Neues Fahrrad/Reparaturkosten

2. Nehme dir ab sofort vor, diesen Betrag monatlich zu sparen, denn selbst wenn du es nicht tust, wird er irgendwann fällig werden.

Bonus 5 - Mehr Energie

Diesen letzten Bonus will ich dir nicht vorenthalten, denn ich selbst war so lange auf der Suche gewesen, nach Möglichkeiten mein Energieniveau zu erhöhen. Und ich durfte fündig werden, dies brauchte jedoch einiges an Zeit und Experimentierfreude.

Nun habe ich stets die Möglichkeit, dafür zu sorgen, mehr Energie zu haben ohne Drogen wie z.B. Kokain oder Kaffee nehmen zu müssen. Fangen wir an.

1. MSM

MSM ist eine Nahrungsergänzung namens Methylsulphonylmethan und durfte vor ungefähr einem Jahr in mein Leben kommen, und es bereichert dieses, sowie das anderer Menschen, denen ich es weiterempfehle, immer wieder aufs Neue. Ich persönlich nutze es, wenn ich morgens ohne Müdigkeitserscheinungen und ohne viel Schlaf zu benötigen in den Tag starten will. Während es andere hauptsächlich einnehmen, um ohne Schmerzen aufzustehen, denn auch als natürliches Schmerzmittel und daher auch ohne Nebenwirkungen ist es wunderbar einsetzbar.

Es kann jedoch noch weitaus mehr. Dazu empfehle ich dir, dich im Internet einmal schlau zu machen oder auf den nachfolgenden Link zu klicken. Das Beste ist, es kostet fast nichts und eine Jahresdosis gibt es bereits für unter 20€.

Der Nachteil ist, es schmeckt furchtbar bitter. Am besten nimmst du es in etwas Wasser aufgelöst in einem Zug ein. Die beste Wirkung erhältst du, wenn du dazu noch etwas frisches Obst oder Gemüse isst. Vitamin-C-haltig sollte es sein. Außerdem mache ich die besten Erfahrungen damit, wenn ich es abends vor dem Schlafen gehen und morgens nach dem Aufstehen einnehme.

→ https://amzn.to/2ljcaJ0. Dies ist die Marke, welche ich selbst verwende.

2. Nofap

Die 2. Methode ist wirklich nichts für Menschen ohne Geduld, denn hier handelt es sich vielmehr um einen Prozess. Beim Nofap geht es darum, weitgehend auf Masturbation und Pornografie zu verzichten. Dies ist am Anfang extrem schwer. Darum will ich dir hier an dieser Stelle erschreckend offen und ehrlich meine Erfahrungen mitteilen.

Früher habe ich regelmäßig, teilweise sogar 3 Mal am Tag, masturbieren müssen. Wenn ich mal eine Freundin hatte, reichte es mir auch kaum, nur einmal am Tag Sex zu haben. Irgendwie brauchte ich es zum Aufstehen und zum Einschlafen.

Es ist Dopamin auf Knopfdruck, wodurch auch die Dopaminspeicher (Glückshormonspeicher) immer wieder geleert werden und wir dadurch immer wieder auf die Suche nach schnellem Dopamin sind. Ein Teufelskreis, wenn du mich fragst.

Das heißt, immer wenn es uns schlecht geht oder wir uns auf Knopfdruck gut fühlen wollen, greifen wir zu schnellen Dopaminspritzen, entweder in Form von Masturbation oder in Form von Essen.

Ich war süchtig gewesen, süchtig nach schnellem Dopamin. Jedoch konnte ich auch leicht darauf verzichten, wenn ich mal woanders übernachtet hatte, Gelegenheit macht ja bekanntlich Diebe. Sobald ich dann jedoch wieder die Möglichkeit dazu bekam, war es so, als würde ich mich nicht mehr kontrollieren können.

Früher waren 3 Tage Nofap extrem schwer, ich fühlte mich so, als könnte ich bei jeder falschen Berührung oder jedem falschen Gedanken „kommen" - und das in der Öffentlichkeit. Nach 3 Tagen konnte ich mich einfach nicht mehr konzentrieren und lief stets mit einem Gefühl herum wie ein abgeschwächter Orgasmus. Konzentrierte ich mich auf diesen, kam ich am Point of no Return an und gab mich diesem hin.

Später schaffte ich dann auch mal eine Woche, mein Rekord liegt bisher bei lediglich 3-4 Wochen. Indem du nicht masturbierst, wirst du jedoch als Mann eine enorme Manneskraft in dir entdecken, wenn du lernst, sie richtig für dich zu nutzen.

Du wirst dominanter werden, mehr Energie und Fokus erhalten, du wirst Frauen magisch anziehen und dich im Sport extrem verbessern. Jedoch nur, solange du es schaffst, diese Power zu kontrollieren. Bist du einmal unaufmerksam, wird diese Power anfangen dich zu kontrollieren, bis du masturbiert hast oder dir einredest, ein bisschen rumspielen oder an Sex denken kann ja nicht schaden.

Es ist einfach erstaunlich, wie wenig wir uns selbst unter Kontrolle haben.

Ich darf mich ansonsten als ein sehr disziplinierter Mensch bezeichnen, wenn ich jedoch einmal einem dieser Gedanken an Sex nachgehe, während ich Nofap mache, dann habe ich verloren und verliere die Kontrolle über mich. Selbst wenn ich es im Wachzustand schaffen sollte, werde ich dann schließlich im Schlaf dem Drang nachgehen.

Ich durfte jedoch auch lernen, wie es mir leichter fällt, erst einmal einige Tage ohne durchzuhalten, ohne dass der Drang zu stark wird. Darum nachfolgend Mittel, welche den Drang verstärken und welche diesen erträglicher machen.

Verstärkend wirken:

- Viele gesättigte Fette wie Kokosfett, Butter oder Eier

- Zuhause nichts zu tun haben/ Langeweile

- Mehr als 2 Mal die Woche Krafttraining

- Zink

- Pornografische Inhalte schauen oder Gedanken daran zulassen

- Tierische Proteine

<u>Erträglicher machen:</u>

- Wenig gesättigte Fette

- Höchstens 2 Mal die Woche Krafttraining

- Fasten

- Bei anderen Menschen übernachten

- Ablenkung/an Projekten arbeiten/ viel
  unternehmen und unter Menschen sein

- Rohkost ohne viel Kokosfett

- Kaltduschen

- Austausch in Nofapgruppen mit anderen
  Praktizierenden

<u>Verloren hast du, wenn:</u>

- Wenn du einen Porno siehst

- Wenn du eine Frau nackt oder halbnackt siehst

- Sobald du dem schönen Gefühl nachgehst und
  dich auf dieses konzentrierst

- Wenn du an dir selbst herumspielst

<u>Vorteile auf den Punkt gebracht:</u>

- Weniger Hunger

- Mehr Nährstoffe für dich

- Mehr körperliche Leistung

- Mehr Durchsetzungsvermögen und Dominanz

- Attraktiver für das andere Geschlecht, wahrscheinlich durch die Pheromone

- Mehr Energie, wenn du diese in etwas steckst

- Mehr Zeit

- Besserer Haarwuchs

- Sehr intensiven, leidenschaftlichen Sex, sobald du nach frühstens 3 Tagen wieder welchen haben solltest.

- Zielstrebiger und disziplinierter sein

- Mehr Mut und weniger Schüchternheit (falls vorhanden)

Gegenmaßnahmen, bevor es zu spät ist:

- Beim Aufkommen von derartigen Gedanken dich sofort ablenken, indem du rausgehst oder jemanden anrufst/triffst.

- Alle Pornos löschen und Seiten unzugänglich machen

- In die Öffentlichkeit begeben

- Sport treiben

- Kaltduschen

Probiere es gern auch mal aus und sammle deine Erfahrungen. Es wird sich lohnen, doch erwarte nicht zu viel zu Beginn, denn es ist ein Prozess. Anfangs sind 3 Tage schon gut, danach 1 Woche und erst dann kannst du dich an 3 Wochen wagen. Sobald du 4 Wochen geschafft hast, wird es ein Kinderspiel werden, laut den Berichten anderer.

3. Rohkosternährung

Ein weiterer Weg für mehr Energie ist die Rohkosternährung, auch diese wirkt erstaunlich. Hier geht es einfach darum, nichts zu essen, was über 40 C erhitzt worden ist. Hauptsächlich wird hier Obst gegessen. Auch hier handelt es sich um einen Prozess, das heißt du kannst nicht von heute auf Morgen einfach so komplett umsteigen, sondern dich lediglich immer wieder steigern im Rohkostanteil.

Probiere es einfach mal eine Woche lang aus und du wirst einen Anstieg deines Energieniveaus bemerken. Jedoch werden sich auch viele Süchte zeigen, besonders, wenn du hier die vegane Variante wählen solltest.

Um es dir hier so einfach wie nur möglich zu machen, gebe ich dir auf diesem Weg einige Rezepte mit:

Sprossen und Keime

Sprossen und Keime sollten stets die Basis bilden, diese sind nicht nur sehr nährstoffhaltig, sondern auch an Frische nicht zu übertreffen. Sie kosten nicht viel und sind leicht Zuhause selbst herzustellen.

Mein Favorit sind hier Buchweizenkeime. Kaufe dir hierzu einfach Bio-Buchweizen, diesen bekommst du am Günstigsten entweder im Drogeriemarkt für 2€/500g oder zeitweise bei Aldi für 1,89€/750g. Besorge dir ein Keimglas oder nutze ein Sieb, dessen Löcher den Buchweizen nicht durchlassen.

Weiche den Buchweizen über Nacht in Wasser ein. Am nächsten Tag spülst du diesen dann so lange durch, bis nur noch klares Wasser und kein Schleim mehr zu sehen ist. Das Spülen wiederholst du dann jeweils morgens und abends. Nach 3 Tagen ist dieser dann in der Regel fertig und kann als Zutat z.B. im Müsli, als Rohkostbrot, in Salaten, Soßen, Breis oder Obstsalat dienen oder pur genossen werden.

Buchweizenkeime schmecken dabei komplett neutral und können vom Geschmack her beliebig angepasst werden. Ich selbst esse ihn gerne mit Apfel/Banane oder beides, mische ihn im Salat unter oder gebe ihn mit Flohsamenschalen, Gewürzen, Leinöl, Moringa und eingeweichten Sonnenblumenkernen in den Mixer, um hieraus Fladen zu produzieren.

Datteln

Datteln sind hier gar nicht mehr aus meinem Leben zu denken und bieten viele Möglichkeiten, daraus Mahlzeiten zu zaubern. Am liebsten mixe ich diese mit Nüssen zusammen und forme daraus Bällchen oder ich esse sie zusammen mit rohen Kakaonibs, was dem Geschmack von Schokolade gleicht und für extrem gute Laune sorgt. Aber auch pur und ohne alles kann das Brot der Wüste verzehrt werden.

Zucchininudeln mit Pilzsoße

Hier brauchst du bloß einen leistungsstarken Mixer, einen Zucchininudelmaker und entsprechende Zutaten. Ich selbst verwende hier 100g geschälte Sonnenblumenkerne, welche ich über Nacht in Wasser einweichen lasse, 1 Lauchzwiebel, 2 Tomaten, 125g Pilze, 10ml Leinöl, Salz und kann dies zusätzlich noch mit Moringapulver ergänzen. Fertig ist die Soße, welche ähnlich wie Jägersoße schmeckt. Jetzt nur noch die Zucchinis durch den Nudelmaker drehen und beides zusammen servieren. Auf meinem Instagramprofil findest du die passenden Bilder und weitere Variationen @der_weg_eines_suchenden

Ebenfalls kannst du dir diese Soße natürlich auch auf ein Brot streichen, als Dip nutzen oder wie einen Brei essen.

Pilze/Gemüse mit Dip

Wenn es dann mal schnell gehen soll, dann kann ich dir rohe Champignons mit Hummus empfehlen. Alternativ lässt sich hier auch Gemüse wie Karotten, Paprika oder Kohlrabi verwenden. Ein Dip lässt sich wiederum aus Sonnenblumenkernen als Basis, Gewürzen und Gemüse/Sprossen zaubern

Grüne Smoothies

Mixe einfach Blattgrün/Wildkräuter mit Obst/Gemüse zusammen und schon fertig ist der grüne Smoothie. Diesen kannst du dann noch mit Leinöl oder Algenpulver/Blattpulver wie Moringa oder Gerstengraspulver ergänzen.

Kokosmus

Anders als Kokosfett befindet sich in Kokosmus auch das Fruchtfleisch wieder, welches sehr sättigend sein kann. Ich empfehle jedoch, dieses mit Agavendicksaft zu mischen in einem

Verhältnis von 1:1 und dieses dann entweder pur oder als Aufstrich/süßen Dip zu genießen.

Buchweizenriegel

Hier habe ich das klassische Rezept mit Haferflocken einfach etwas modifiziert. Statt Haferflocken nehmen wir Buchweizen und statt Butter nehmen wir einfach Kokosfett. Auch lassen sich die Weizenkeime z.B. durch Kokosmehl ersetzen.

Gib einfach ca. 125g Buchweizen, 1 Banane, 60g Kokosfett und 60g Kokosmehl, ggf. mit etwas Wasser in den Mixer, streiche es auf dem Teller glatt und lege es in den Kühlschrank. Nachdem die Masse dann kalt geworden ist, kann sie in Riegel- oder Bällchenform gebracht werden.

Alternativ lassen sich hier noch Kakaonibs, Dattelstücke, Kokosraspeln, getrocknete Aprikosen, Zitronenschale, oder was dir sonst so einfällt, ergänzen, sodass es auch nie langweilig wird. Dies ist nämlich lediglich das Grundrezept.

Energiebällchen

Als Grundzutaten brauchst du hierzu lediglich Trockenfrüchte und Nüsse/Kerne und diese zusammen in den Mixer zu geben.

Zusätzlich hast du auch hier natürlich wieder die Möglichkeit, noch Kakao, Zitronen-/Orangenschale, Kakaonibs, Kokosraspeln, Kokosmehl, Hanfmehl, Moringa oder Zimt mit dazu zu geben. Der Kreativität sind hier kaum Grenzen gesetzt. Bei YouTube dürftest du hier auf zahlreiche Rezepte treffen. Ich selbst nutze hier den Monsieur Cuisine als Mixer.

Obstsalat

Oder wie wäre es mit einem Obstsalat? Ich selbst bereite mir oft einen zu, bestehend aus: 1 Apfel, 2 Bananen, 250g Sultaninen und 1 Orange.

Natürlich sind auch hier wieder deiner Kreativität keine Grenzen gesetzt.

Rohkosteis

Ja, selbst Eis ist hier möglich. Als Basis dienen dir gefrorene Bananenstücke. Nun brauchst du diese nur noch in den Mixer zu geben und fertig wäre dein Bananeneis, welches wie von der

Eisdiele schmeckt, jedoch nur aus Banane besteht.

Du kannst es jedoch auch noch mit Beeren oder Schokolade mixen, um einen anderen Geschmack zu kreieren oder es mit Kakaonibs, Nussstücken bzw. Sirup servieren, damit es noch ein echter Hingucker wird. Natürlich kannst du es jedoch auch gleich mit Nüssen zusammen mixen und so ein Nusseis schaffen.

Wie du siehst, ist es gar nicht so schwer, sich selbst rohköstlich zu ernähren, hier gibt es schon echt viele tolle und inspirierende Rezepte. Ich selbst ernähre mich immer wieder zeitweise von mal mehr und mal weniger Rohkost, es funktioniert immer besser und ist vor allem so einfach. Am besten besuchst du einfach mal Rohkostpotlucks in deiner Stadt und tauschst dich mit erfahreneren Menschen aus.

Wichtig ist nur, sich nie zu viele Gedanken um die eigene Nahrung zu machen, denn das würde nur wieder Energie kosten. Probiere dich einfach aus, ohne es zwanghaft zu betreiben und ganz wichtig, genieße es. Beobachte dabei, wie dein Körper auf unterschiedliche Nahrung reagiert und was dir am besten tut.

Ich denke, mit gesundem Menschenverstand ist es natürlich logisch, dass in Fabriken erzeugte Nahrung niemals so gut wie frische Nahrung für deinen Körper sein kann, da kann diese noch so gut schmecken.

Auch sollte klar sein, dass Nahrung, je mehr der Mensch eingegriffen hat, auch desto ungesünder, da unnatürlicher für deinen Körper ist. Und abschließend denke ich, dass die Nahrung am besten für uns ist, auf die wir auch im absoluten Urzustand am meisten Lust haben. Das heißt, was würdest du eher ohne jegliche Zubereitung essen?

Ein Kaninchen, Obst, Gemüse, Getreide, Milch, Fisch, Nüsse, Hülsenfrüchte etc.?

Urzustand ist hier gleichbedeutend mit ohne schneiden, erhitzen, würzen oder das Aussehen technisch zu verändern.

Probiere diese Ernährungsform einfach mal aus und du wirst überrascht sein, wie viel Energie dir einfaches Obst geben kann.

4. Atemtechniken

Eine Methode, welche du nicht unterschätzen solltest, betrifft das richtige Atmen. Nach den Gedanken ist Luft das, was wir unserem Körper am meisten zuführen. Und sie versorgt uns ebenfalls mit Energie, wie es auch Nahrung tut, nur auf eine andere Art und Weise.

Empfehlen kann ich hier besonders die Wimhof-Atmung, bei der du stets mehr einatmest als du danach wieder ausatmest, bis nichts mehr geht. Danach hältst du sie kurz an und atmest wieder aus, anschließend kannst du mehrere Minuten komplett ohne Luft auskommen und fühlst dich energiegeladener.

Mit der richtigen Atemtechnik soll es sogar möglich sein, in Ekstase zu verfallen, einen Orgasmus zu bekommen oder in die Tiefen des Universums einzutauchen. Das Stichwort lautet hier Pranayama.

5. Energieentfaltung

Auf den ersten Blick wird es dir vielleicht unlogisch erscheinen, wenn ich sage, dass du, indem du mehr Energie verbrauchst, auch gleichzeitig mehr Energie haben wirst. Doch ich kann dies aus eigener Erfahrung bestätigen. In Zeiten, wo ich 1-3 Stunden täglich das Rad anstelle der Bahn genutzt hatte, hatte ich wohl auch mehr Hunger, jedoch dafür auch viel mehr Energie als in Zeiten, wo ich anstelle des Fahrrads stets die Bahn benutzt hatte. Und auch wenn ich zurückschaue, war dies so gewesen. In Zeiten, wo ich mich mehr bewegt hatte, hatte ich stets auch mehr Energie gehabt als in Zeiten, wo ich mich nur sehr wenig bewegt hatte.

6. Kakaonibs

Eigentlich sorgt dieses Wundermittel hauptsächlich für gute Laune, jedoch verspüre ich bei guter Laune auch stets mehr Energie. Empfehlen kann ich dir, diese mit Datteln zusammen zu genießen oder anderen süßen Lebensmitteln. Ich selbst gönne mir auch gerne mal eine ganze Handvoll Kakaonibs und die Wirkung lässt dann auch nicht wirklich lange auf sich warten, sondern setzt innerhalb weniger Stunden ein und hält meistens über einen ganzen Tag an.

Du wirst tanzen wollen, wenn du Musik hörst, musst sehr oft lachen, fühlst dich richtig gut und willst am liebsten die ganze Welt umarmen. Einschränkungen konnte ich hierdurch bisher noch nicht erfahren, außer dass ich mich dann oft fragte, weshalb ich plötzlich so gute Laune habe. Ich selbst nutze hier das nachfolgende Produkt → https://amzn.to/2ntcjdv

7. Frühsport

An Tagen, an denen ich direkt nach dem Aufstehen bzw. morgens Frühsport betrieben habe, waren immer noch die besten Tage, an denen ich auch stets am meisten Energie gehabt habe.

Ich selbst habe hierzu immer entweder ein 7 Minutentraining gemacht mit Eigengewichtsübungen (hierzu gibt es auch eine App) oder Tabata, welches nur 4 Minuten ging. Es muss also nicht mal lang sein, sondern lediglich deinen Kreislauf gut in Schwung bringen.

Anschließend lässt sich dies noch mit einer kalten Dusche verstärken.

Ich hoffe, du durftest aus diesen 5 Boni, welche ich dir hier zusätzlich mitgegeben habe, noch eine Menge rausholen, um dein Leben noch weiter bereichern zu können.

Du durftest nun also mit den Bonus-Ebooks im Telegramkanal in Kombination mit diesen 5 Bonusideen reich beschenkt werden, und ich hoffe du lässt zu, dass diese dein Leben bereichern. Erzähle gern anderen Kunden und Freunden von deinen Erfahrungen mit diesem Buch, das würde mir als Autor sehr viel bedeuten und das Leben einer Menge Menschen bereichern können.

Die meisten Kaufentscheidungen werden nämlich aufgrund von Bewertungen getroffen. Ein Buch kann dabei noch so gut sein und so vielen Lesern geholfen haben, trotzdem wird kaum einer von diesem erfahren, solange es nicht bewertet wird.

Darum bitte ich dich, mich dabei zu unterstützen, dieses Buch weiter in die Welt hinauszutragen, um so viele Leben wie nur möglich zu bereichern und dadurch letztendlich auch die ganze Welt besser zu machen.

Empfehle es auch gern den Menschen weiter, welchen du etwas Gutes tun willst, erzähle ihnen einfach, wie es dein Leben bereichern konnte und weswegen du glaubst, dass es das gleiche auch für diese Person tun könnte.

Sollten dir Verbesserungsvorschläge gekommen sein, kannst du mir auch diese gerne per E-Mail schicken.

Meine E-Mail findest du, genauso wie die Bonus-Ebooks im Telegramkanal unter

https://www.t.me/atohi20ideen

Nachwort

Nun sind wir am Ende dieses Buches angekommen und ich hoffe, es hat dir genauso gut gefallen, es zu lesen und in die Praxis umzusetzen, wie es mir Spaß gemacht hat, es zu schreiben. Vielmehr hoffe ich jedoch, dass alles für dich verständlich gewesen ist, du alles für dich Wichtige umsetzen konntest und es dein Leben noch weiter verbessern konnte.

Konzipiert habe ich es als Teil einer ganzen 20 Ideen-Reihe; das nächste dürfte also nicht allzu lange auf sich warten lassen. Mein Ziel ist es, andere Menschen an meinen positiven Erfahrungen und gesammelten Lifehacks teilhaben zu lassen und so etwas von dem, was ich erhalten habe, zurückgeben zu können. Mein größtes Ziel ist darüber hinaus jedoch, die Leser näher zusammenzubringen, zum Nachdenken anzuregen, glücklicher zu machen und ihnen Werkzeuge mit an die Hand zu geben, um gemeinsam eine Welt voller Zusammenhalt, Überfluss, Harmonie und Nachhaltigkeit zu kreieren.

Bei diesem Buch habe ich mir die größtmögliche Mühe gegeben, es für den Leser/in so wertvoll wie nur möglich zu machen.

Zusätzlich habe ich noch 5 Bonuskapitel mit dazugegeben, als nette Überraschung, und statt 2 versprochener Boni biete ich sogar noch ein weiteres Ebook. Somit gibt es statt der 2 versprochenen Boni ganze 8 und ich hoffe, sie gefallen dir und dürfen dein Leben noch weiter bereichern.

Die 3 Bonus-Ebooks, sowie meine persönliche E-Mail-Adresse für Fragen findest du im Telegramkanal unter
https://www.t.me/atohi20ideen

Wenn du Fragen oder Verbesserungsvorschläge hast oder meiner Unterstützung bedarfst, dann scheue dich nicht und schreibe mich gerne an.

Sollte dir dieses Buch, auf welche Weise auch immer, gefallen und weitergeholfen haben, bitte ich dich, dies auch anderen Menschen z.B. in Form einer Bewertung auf Amazon mitzuteilen und somit weiterzuempfehlen. Sollte es in deinen Augen nicht empfehlenswert sein, schreibe mir gerne die Gründe, damit ich es empfehlenswert machen kann, indem ich es noch weiter verbessere.

Autoren wie ich sind abhängig davon, dass ihr Buch auch gefunden wird, denn andernfalls kann es nur wenig in der Welt und beim Leser bewirken.

Eine Bewertung, welche für dich nur 5 Minuten Zeit in Anspruch nimmt, kann für das Buch 10 neue Leser bedeuten.

An dieser Stelle danke ich allen Menschen, die mich bei der Erstellung und Veröffentlichung dieses Werkes unterstützt haben. Bei der Rechtschreibung durften Tom, Theresa und Ulrike mich ganz besonders unterstützen. Für letzte Korrekturen sowie stilistischen Feinschliff sorgte Kirsten John. Für das Cover danke ich Craxyprints und allen, die mir zu den Entwürfen Feedback gaben. Für weitere Tipps bzgl. des Marketings danke ich Daniel, Dennis und Martin. Und natürlich geht noch ein weiteres Danke an alle, welche mich bei der Promotion oder bei Fragen unterstützt haben, und ein Dankeschön an Timo, der mich zurück zu meiner Leidenschaft des Schreibens finden ließ, wodurch dieses Buch überhaupt erst möglich geworden ist.

Und auch ein Dank geht an dich lieber Leser oder liebe Leserin, dafür, dass du diesem Buch und somit auch mir die Chance gibst, Einfluss auf dein Leben zu nehmen, dass du dir hierfür Zeit genommen und es durchgelesen hast.

Sobald das nächste Buch erschienen ist, wirst du über Telegram eine Benachrichtigung erhalten.

Bis dahin wünsche ich dir viel Spaß bei der weiteren Umsetzung und den daraus resultierenden Ergebnissen.

Wenn du mich in meiner Arbeit noch weiter unterstützen möchtest, findest du hier meinen Paypallink → https://www.paypal.me/Markusdd

Herstellung und Verlag:
BoD – Books on Demand, Norderstedt
ISBN: 978-3-7504-2274-2